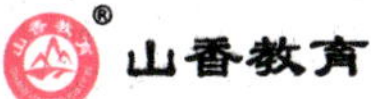

教师招聘考试简答题必背800道

教育理论基础

山香教师招聘考试命题研究中心
主编 ///

图书在版编目(CIP)数据

教师招聘考试·简答题必背／山香教师招聘考试命题研究中心主编. —北京:首都师范大学出版社,2019.7(2022.3 重印)

ISBN 978-7-5656-5179-3

Ⅰ.①教… Ⅱ.①山… Ⅲ.①教师—聘用—资格考试—习题集 Ⅳ.①G451.1-44

中国版本图书馆 CIP 数据核字(2019)第 167609 号

教师招聘考试
简答题必背
山香教师招聘考试命题研究中心 主 编

策划编辑 张文强
责任编辑 曹亮亮 封面设计 山香教育
首都师范大学出版社出版发行
地 址 北京市西三环北路 105 号
邮 编 100048
咨询电话 010-68418523(总编室)
010-68982468(发行部)
网 址 http://cnupn.cnu.edu.cn
印 刷 河南黎阳印务有限公司
经 销 全国新华书店
版 次 2019 年 9 月第 1 版
印 次 2022 年 3 月第 11 次印刷
开 本 889mm×1194mm 1/64
印 张 5
字 数 200 千
定 价 28.00 元

目录

第一部分　教育动态追踪

第二部分　教育学

第三部分　心理学

第四部分　教育心理学

第五部分　教育法律法规

第六部分 新课程改革

第七部分 教师职业道德

INDEX

高频考点索引

第一部分　教育动态追踪

第二部分　教育学

第三部分　心理学

第四部分　教育心理学

第五部分　教育法律法规

第六部分　新课程改革

第七部分　教师职业道德

第一部分　教育动态追踪

专题一　习近平论教育工作

1.“四有”好老师的“四有”标准的内容是什么?（常考）

(1)有理想信念；

(2)有道德情操；

(3)有扎实学识；

(4)有仁爱之心。

2. 习近平总书记对教师提出的“四个引路人”的内容是什么?

(1)做学生锤炼品格的引路人；

(2)做学生学习知识的引路人；

(3)做学生创新思维的引路人；

(4)做学生奉献祖国的引路人。

专题二　教育政策动向

1. 从教研员的角度出发,你认为可以在哪些方面加强作业管理?

(1)把握作业育人功能。在课堂教学提质增效的基础上,切实发挥好作业育人功能,布置科学合理有效作业，帮助学生巩固知识、形成能力、培养习惯，帮助教师检测教学效果、精准分析学情、改进教学方法，促进学校完善教学管理、开展科学评价、提高教育质量。

(2)严控书面作业总量。统筹调控不同年级、不同学科作业数量和作业时间，周末、寒暑假、法定节假日也要控制书面作业时间总量。

(3)创新作业类型方式。鼓励布置分层作业、弹性作业和个性化作业，科学设计探究性作业和实践性作业，探索跨学科综合性作业。

(4)提高作业设计质量。学校要将作业设计作为校本教研重点，系统化选编、改编、创编符合学习规律、体现素质教育导向的基础性作业。

2. 义务教育质量评价包括县域、学校、学生三个层面，请你简述学生发展质量评价的主要内容。

《义务教育质量评价指南》规定学生发展质量评价主要包括学生品德发展、学业发展、身心发展、审美素养、劳动与社会实践等五个方面重点内容，旨在促进学生德智体美劳全面发展，培养适应终身发展和社会发展需要的正确价值观、必备品格和关键能力。

3. 就深化教育教学改革、全面提高义务教育质量，中共中央、国务院提出了哪些意见？

根据《中共中央 国务院关于深化教育教学改革

全面提高义务教育质量的意见》的规定可知，就深化教育教学改革、全面提高义务教育质量，中共中央、国务院提出了如下意见：

(1)坚持立德树人，着力培养担当民族复兴大任的时代新人；

(2)坚持“五育”并举，全面发展素质教育；

(3)强化课堂主阵地作用，切实提高课堂教学质量；

(4)按照“四有好老师”标准，建设高素质专业化教师队伍；

(5)深化关键领域改革，为提高教育质量创造条件；

(6)加强组织领导，开创新时代义务教育改革发展新局面。

4. 近期，“内卷化”这个词汇频繁见诸报端，教育内卷化问题更是受到人们广泛关注，一时间成为社会热议的话题。高考“内卷化”，中考“内卷化”，就连幼儿园也“内卷化”了，这一现象引发了许多问题，学生负担重，身心深受伤害，教师超负荷工作，健康状况恶化，学校违背办学规律，陷入恶性竞争。

作为教育工作者，对改变教育“内卷化”现象，你有怎样的建议？

(1)改革党委和政府教育工作评价，推进科学履行职责。

(2)改革学校评价,推进落实立德树人根本任务。

(3)改革教师评价,推进践行教书育人使命。

(4)改革学生评价,促进德智体美劳全面发展。

(5)改革用人评价,共同营造教育发展良好环境。

5.2020年3月,中共中央、国务院出台了《关于全面加强新时代大中小学劳动教育的意见》。请结合教育实践,谈一下新时代中小学开展劳动教育的目标。

《关于全面加强新时代大中小学劳动教育的意见》提出要明确劳动教育总体目标。通过劳动教育,使学生能够理解和形成马克思主义劳动观,牢固树立劳动最光荣、劳动最崇高、劳动最伟大、劳动最美丽的观念;体会劳动创造美好生活,体认劳动不分贵贱,热爱劳动,尊重普通劳动者,培养勤俭、奋斗、创新、奉献的劳动精神;具备满足生存发展需要的基本劳动能力,形成良好劳动习惯。

6.近年来,教育部对多起违反教师职业行为十项准则典型问题进行公开曝光,这些典型问题涉及体罚学生、虐待学生、猥亵学生、学术不端、有偿补课、收受家长礼品礼金等方面。这些现象反映出当前仍有极

个别教师理想信念模糊，育人意识淡薄以及法纪观念缺失，不仅做出了严重违反师德的行为，甚至踩上了法律的红线，社会影响极坏。

上述材料表明，加强和改进新时代师德师风建设，大力提升教师职业道德素养迫在眉睫。请具体说一说提升教师职业道德素养的途径有哪些？

(1)突出课堂育德，在教育教学中提升师德素养。

(2)突出典型树德，持续开展优秀教师选树宣传。

(3)突出规则立德，强化教师的法治和纪律教育。

7. 简述《国家中长期教育改革和发展规划纲要(2010～2020年)》的工作方针。(常考)

工作方针主要有：优先发展、育人为本、改革创新、促进公平、提高质量。

(1)把教育摆在优先发展的战略地位；

(2)把育人为本作为教育工作的根本要求；

(3)把改革创新作为教育发展的强大动力；

(4)把促进公平作为国家基本教育政策；

(5)把提高质量作为教育改革发展的核心任务。

8. 根据《中国学生发展核心素养》课题组的研究，将学生核心素养分为三个方面六大素养，请列举这三个方面并解释。(常考)

中国学生发展核心素养，以科学性、时代性和民族性为基本原则,以培养"全面发展的人"为核心,分为文化基础、自主发展、社会参与三个方面。

(1)文化基础。文化是人存在的根和魂。文化基础,重在强调能习得人文、科学等各领域的知识和技能,掌握和运用人类优秀智慧成果,涵养内在精神,追求真善美的统一,发展成为有宽厚文化基础、有更高精神追求的人。它包括:①人文底蕴;②科学精神。

(2)自主发展。自主性是人作为主体的根本属性。自主发展,重在强调能有效管理自己的学习和生活,认识和发现自我价值,发掘自身潜力,有效应对复杂多变的环境,成就出彩人生,发展成为有明确人生方向、有生活品质的人。它包括:①学会学习;②健康生活。

(3)社会参与。社会性是人的本质属性。社会参与,重在强调能处理好自我与社会的关系,养成现代公民所必须遵守和履行的道德准则和行为规范,增强社会责任感,提升创新精神和实践能力,促进个人价值实现,推动社会发展进步,发展成为有理想信念、敢于担当的人。它包括:①责任担当;②实践创新。

9. 简述《中国教育现代化2035》提出的推进教育现代化的八大基本理念。

《中国教育现代化2035》提出了推进教育现代化

的八大基本理念：更加注重以德为先，更加注重全面发展，更加注重面向人人，更加注重终身学习，更加注重因材施教，更加注重知行合一，更加注重融合发展，更加注重共建共享。明确了推进教育现代化的基本原则：坚持党的领导、坚持中国特色、坚持优先发展、坚持服务人民、坚持改革创新、坚持依法治教、坚持统筹推进。

10. 简述《中国教育现代化 2035》中面向教育现代化的十大战略任务。

（1）学习习近平新时代中国特色社会主义思想。

（2）发展中国特色世界先进水平的优质教育。

（3）推动各级教育高水平高质量普及。

（4）实现基本公共教育服务均等化。

（5）构建服务全民的终身学习体系。

（6）提升一流人才培养与创新能力。

（7）建设高素质专业化创新型教师队伍。

（8）加快信息化时代教育变革。

（9）开创教育对外开放新格局。

（10）推进教育治理体系和治理能力现代化。

第二部分　教育学

专题一　教育及其产生与发展

1. 简述广义和狭义的教育的区别。（易混）

（1）广义的教育，指增进人的知识与技能、发展人的智力与体力、影响人的思想观念的活动。广义的教育可能是无组织的、自发的或零散的，也可能是有组织的、自觉的或系统的。它包括社会教育、学校教育和家庭教育。

（2）狭义的教育指学校教育，是教育者依据一定的社会要求，依据受教育者的身心发展规律，有目的、有计划、有组织地对受教育者施加影响，促使其朝着所期望的方向发展变化的活动。

2. 教育的社会属性表现在哪些方面？

（1）永恒性；（2）历史性；（3）继承性；（4）长期性；（5）相对独立性；（6）民族性；（7）生产性。

记忆技巧：永利（历）机（继）场（长），相对民生。

3. 教育的基本要素有哪些？

观点一：一般认为，教育者、受教育者（学习者）和教育媒介（教育影响）是构成教育活动的基本要素。

观点二：教育者、受教育者和教育措施（主要包括教育的内容和手段）是教育的三个基本要素。

观点三：教育者、受教育者、教育内容是构成教育活动的基本要素。

4. 根据不同的标准，教育可以划分为哪几种形态？

(1)根据教育系统自身形式化的程度，可以将教育形态划分为“非制度化的教育”与“制度化的教育”；

(2)从教育系统赖以运行的空间标准看，可以将教育形态划分为“家庭教育”“学校教育”与“社会教育”；

(3)从教育系统所赖以运行的时间标准以及建立于其上的产业技术和社会形态出发，可以将教育形态划分为“农业社会的教育”“工业社会的教育”与“信息社会的教育”。

5. 简述教育起源的种类。(常考)

(1)神话起源说；(2)生物起源说；(3)心理起源说；(4)劳动起源说。

6. 简述教育的劳动起源说。

(1)劳动起源说由苏联的教育学家提出，也被称为教育的社会起源说，它是在批判生物起源说和心理起源说的基础上，在马克思历史唯物主义理论指导下形成的。马克思主义认为教育起源于人类所特有的生产劳动。

(2)教育的劳动起源说的主要内容如下：①生产劳动是人类最基本的实践活动；②教育起源于生产劳

动过程中经验的传递;③生产劳动过程中的口耳相传和简单模仿是最原始和最基本的教育形式;④生产劳动的变革是推动人类教育变革最深厚的动力。教育的劳动起源说提供了理解教育起源和教育性质的一把"金钥匙"。

7. 简述原始社会教育的特征。

(1)教育具有非独立性,教育和社会生活、生产劳动紧密相连;

(2)教育具有自发性、全民性(普及性)、广泛性、无等级性(平等性)和无阶级性,是原始状态下的教育机会均等,只因年龄、性别和劳动分工不同而有差别;

(3)教育具有原始性。

8. 简述古代东西方教育的共同特征。(常考)

(1)阶级性;(2)道统性;(3)等级性;(4)专制性;(5)刻板性;(6)象征性。

记忆技巧:阶道等专刻象。

9. 简述古代雅典的教育和斯巴达的教育的特点。

雅典教育和斯巴达教育是欧洲奴隶社会两种著名的教育体系,两者的特点如下:

(1)古代雅典在西方最早形成体育、德育、智育、美育和谐发展的教育,教育内容比较丰富,教育方法也比较灵活,教育目的是培养有文化、有修养和多种才能的政治家和商人。

(2)古代斯巴达教育以军事体育训练和政治道德

灌输为主，教育内容单一，教育方法也比较严厉，其教育目的是培养忠于统治阶级的强悍的军人。

10.谈谈你对中世纪西欧的教会教育和骑士教育的了解。（易混）

教会教育和骑士教育是欧洲封建社会两种著名的教育体系，都脱离生产劳动，为封建地主阶级的统治服务，两者的发展概况如下：

(1)教会教育的目的是培养教士和僧侣，教育内容是“七艺”，包括“三科”(文法、修辞、辩证法)和“四学”(算术、几何、天文、音乐)，而且各科都贯穿神学。

(2)骑士教育的目的是培养封建骑士，教育内容是“骑士七技”，即骑马、游泳、击剑、打猎、投枪、下棋、吟诗。

11.近代社会教育的特征有哪些？（易混）

(1)国家加强了对教育的重视和干预，公立教育崛起；

(2)初等义务教育的普遍实施，德国是世界上最早的普及义务教育的国家；

(3)教育的世俗化；

(4)教育的法制化。

记忆技巧：法国医(义)师(世)。

12.20世纪后期教育改革和发展的特点主要有哪些？

(1)教育的终身化；(2)教育的全民化；(3)教育

的民主化;(4)教育的多元化;(5)教育技术的现代化;(6)教育全球化;(7)教育信息化;(8)教育具有科学性。

记忆技巧:忠(终)全民,多代课(科),全球信息都知道。

13. 简述现代教育的发展趋势。

(1)培养全面发展的人正由理想走向实践;

(2)教育与生产劳动相结合成为现代教育规律之一;

(3)教育民主化向纵深发展;

(4)人文教育与科学教育携手并进;

(5)教育普及制度化,教育形式多样化;

(6)终身教育成为现代教育中一个富有生命力和感召力的教育理念;

(7)实现教育现代化是各国教育的共同追求。

14. 简述教育民主化向纵深发展的表现。

(1)教育普及化的开始;

(2)“教育机会均等”口号的提出;

(3)教育法制化的形成;

(4)教育民主化的质量和水平不断提高。

专题二 教育学及其产生与发展

1. 简述教育学研究的价值。

(1)反思日常教育经验;

(2)科学解释教育问题;

(3)沟通教育理论与实践。

2. 简述教育学与教育科学之间的关系。

(1)教育学是庞大教育科学体系中的基础学科。教育科学是有关教育问题的各种科学理论的学科群,它包含教育社会学、教育经济学、教学论、课程论、教育技术学等。

(2)教育学研究的是教育基本的、一般的问题,是从总体上分析教育问题的,而其他学科则是从某个角度对某个方面问题的研究。

3. 简述教育最基本的两条规律。

(1)关于教育与社会发展关系的规律,我们称之为教育的外部关系规律,教育外部诸因素指人口、政治、经济、文化等;

(2)关于教育和人的发展关系的规律,我们称之为教育的内部关系规律,教育内部诸因素指教师、学生、教材、设备、教学管理等。

4. 简述孔子的教育思想。(常考)

(1)孔子学说的核心是“仁”和“礼”。

(2)教育对象上主张“有教无类”。

(3)整理修订了《诗》《书》《礼》《乐》《易》《春秋》六种教材,奠定了儒家教育内容的基础。

(4)提出了启发诱导,因材施教,学、思、行相结合,温故知新等教学原则与方法。

5. 简述孔子的“因材施教”。

孔丘在教育实践的基础上，创造了因材施教的方法，并作为教育原则，贯彻于日常的教育工作之中，取得了成效。他是我国历史上首倡因材施教的教育家。实行因材施教的前提条件是承认学生间的个体差异，并了解学生的特点。孔丘了解学生，最常用的方法有两种。第一，通过谈话。第二，个别观察。通过了解，孔丘熟悉了学生的个性特点，并做出了评价。在了解学生的基础上，根据学生的具体情况，有针对性地进行教育。孔丘实行因材施教，培养出了一批有才干的人才。

6. 简述《学记》中包含的教学原则。（常考）

（1）教学相长；（2）尊师重道；（3）藏息相辅；（4）豫时孙摩；（5）启发诱导；（6）长善救失。此外，《学记》还主张“学不躐等”，即教学要遵循学生心理发展特点，循序渐进；同时，重视学生的学习，指出“善学者，师逸而功倍，又从而庸之”。

记忆技巧：教师长时等七（启）夕（息）。

7. 什么是“产婆术”？（易混）

苏格拉底以其雄辩和与青年智者的问答法著名。这种问答法亦称“产婆术”，分为三步：

第一步称为苏格拉底讽刺，他认为这是使人变得聪明的一个必要的步骤，因为除非一个人很谦逊，“自知其无知”，否则他不可能学到真知；

第二步称为定义，在问答中经过反复诘难和归纳，从而得出明确的定义和概念；

第三步称为助产术，引导学生自己进行思索，自己得出结论。

8. 简述夸美纽斯的主要教育观点。

(1)“泛智”教育；

(2)教育适应自然；

(3)班级授课制；

(4)教学原则，夸美纽斯提出并论证了直观性、系统性、量力性、巩固性和自觉性等教学原则。

(5)德育内容。夸美纽斯把智慧、勇敢、节制、公正这四种品德称为主要的或基本的德行，还纳入了一个在当时是崭新的概念——劳动教育。

9. 简述洛克的“白板说”。

洛克反对天赋观念，提出了“白板说”。他认为人的心灵原来就像一块白板，没有一切特性，没有任何观念，天赋的智力人人平等。

10. 简述赫尔巴特的教育思想。(常考)

(1)提出教育理论体系的两个理论基础是伦理学和心理学；

(2)认为教育的最高目的是道德和性格的完善；

(3)在西方教学史上第一次提出了“教育性教学”的概念；

(4)提出了教学四阶段论，即明了、联合(联想)、系统、方法。

11. 简述杜威的主要教育观点。（常考）

（1）论教育的本质。杜威认为，教育即生活，教育即生长，教育即经验的改组或改造。此外，杜威还提出“学校即社会”，这是对“教育即生活”的进一步引申。从“教育即生活”到“学校即社会”，再到课程的变革（“从做中学”）是层层递进的。

（2）论教育的目的。杜威从“教育即生活”中引出他的“教育无目的论”。

（3）“从做中学”。在经验论的基础上，杜威提出“从做中学”，要求以活动性、经验性的主动作业取代传统的书本式教材的统治地位。同时，“从做中学”也是杜威提出的教学方法，这是一种经验的方法、思维的方法和探究的方法。

12. 简述传统教育学派和现代教育学派各自的“三中心”主张。

（1）传统教育学派的“三中心”是“课堂中心”“教材中心”“教师中心”；

（2）现代教育学派的“三中心”是“儿童中心（学生中心）”“活动中心”“经验中心”。

13. 简述实验教育学的基本观点。

（1）反对以赫尔巴特为代表的强调概念思辨的教育学，认为这种教育学对检验教育方法的优劣毫无用途；

(2)提倡把实验心理学的研究成果和方法运用于教育研究,使教育研究"科学化";

(3)把教育实验分为提出假设、进行实验和确证三个基本阶段;

(4)主张用实验、统计和比较的方法探索儿童心理发展过程的特点及其智力发展水平,用实验数据作为改革学制、课程和教学方法的依据。

14. 简述文化教育学的基本观点。/简述精神科学教育学的基本观点。

(1)人是一种文化的存在,人类历史是一种文化的历史;

(2)教育的过程是一种历史文化过程;

(3)教育研究采用精神科学或文化科学的方法(即理解与解释的方法)进行;

(4)教育的目的是促进社会历史的客观文化向个体的主观文化转变,培养完整的人格。

15. 简述实用主义教育学的基本主张。

(1)教育即生活,教育的过程与生活的过程是合一的;

(2)教育即学生个体经验持续不断的增长;

(3)学校是一个雏形的社会;

(4)课程组织应以学生的经验为中心;

(5)师生关系以儿童为中心;

(6)教学过程注重学生的独立发现和体验,尊重学生发展的个体差异。

16. 简述马克思主义教育学的主要观点。

(1)教育是一种社会历史现象,在阶级社会中具有鲜明的阶级性,不存在脱离社会影响的教育;

(2)教育起源于生产劳动;

(3)教育的根本目的是促进学生的全面发展;

(4)现代教育与生产劳动相结合不仅是发展社会生产力的重要方法,也是培养全面发展的人的唯一方法;

(5)在与社会的政治、经济、文化的关系上,教育一方面受其制约,另一方面又具有相对独立性,并反作用于政治、经济、文化;

(6)马克思主义唯物辩证法和历史唯物主义是教育科学研究的方法论基础。

17. 简述批判教育学的基本观点。

(1)当代资本主义学校教育是维护现实社会的不公平、造成社会差别和对立的根源;

(2)学校教育的功能就是再生产出占主导地位的社会政治意识形态、文化关系和经济结构;

(3)教育目的是要对师生进行“启蒙”,以达到意识“解放”;

(4)教育理论研究要采用实践批判的态度和方法。

18. 简述陶行知“生活教育理论”的主要内容。（常考）

（1）生活即教育，主张以人类的生活作为教育内容，在生活实践中接受教育；

（2）社会即学校，要“把学校里的一切延伸到大自然界中去”；

（3）教学做合一，强调学做结合。

19. 简述蔡元培的教育独立思想的内容。

观点一：（1）教育经费独立；（2）教育行政独立；（3）教育学术和内容独立；（4）教育脱离宗教而独立。

观点二：（1）经费独立；（2）教育行政独立；（3）教育思想独立；（4）教育内容独立；（5）以传教为主的人，不得参与教育事业。

20. 简述陈鹤琴的“活教育”思想体系。

（1）“活教育”的目标。做人，做中国人，做现代中国人。

（2）“活教育”课程。活教育的课程是以大自然、大社会为出发点，让学生直接去学习。“活教育”的课程打破惯常按学科组织的体系，采取活动中心和活动单元的形式，即能体现儿童生活整体性和连贯性的“五指活动”形式，也即：儿童健康活动、儿童社会活动、儿童科学活动、儿童艺术活动和儿童文学活动。

（3）“活教育”的教学原则。凡是儿童能够做的，就应该教儿童自己做；凡是儿童能够想的，应当让他自己想；你要儿童怎样做，就应当教儿童怎样学；等等。

(4)"活教育"的方法。做中教，做中学，做中求进步；重视室外活动，着重于生活的体验，以实物为研究对象，以书籍为辅佐的参考。

(5)"活教育"的步骤。实验观察、阅读思考、创作发表、批评研讨。

21. 简述现代教学理论的三大流派。

(1)布鲁纳提出了"结构教学论"，倡导发现法。

(2)赞科夫把学生的一般发展作为教学的出发点，提出了发展性教学理论。

(3)瓦·根舍因创立了范例教学理论。

记忆技巧：布结构，赞发展，瓦范例。

22. 简述赞科夫的发展性教学理论的五条教学原则。

(1)高难度；

(2)高速度；

(3)理论知识起主导作用；

(4)理解学习过程；

(5)使所有学生包括"差生"都得到一般发展。

23. 简述教育学未来的发展趋势。

(1)教育学研究基础的拓展；

(2)教育学问题领域的扩大；

(3)教育学研究范式的转换；

(4)教育学研究内容的进一步分化与综合;

(5)教育学与教育改革的关系日益密切;

(6)教育学的学术交流与合作日益加强。

24. 古今中外有哪一本教育著作给你留下深刻印象,写出著作名称并概述其内容。

(1)《爱弥儿》。

(2)《爱弥儿》的作者是法国思想家、哲学家、教育家卢梭。《爱弥儿》是一本夹叙夹议的教育小说,共分为五卷,书中以富家孤儿爱弥儿为主人公,论述了男子的教育改革,批判英国旧教育的荒谬腐朽,并提出新教育的原则和理想。书中借爱弥儿未来的妻子苏菲的教育,论证了女子教育的革新。全书反映了卢梭的自然主义教育思想,阐述了性善论。其思想对后世许多教育家都有启发和影响。该书在西方教育史上首次系统提出了新的儿童教育观,从而在教育史上掀起了一场"哥白尼式的革命"。

(此为开放性试题,考生可结合自身所学作答)

专题三　教育研究及其方法

1. 简述教育研究的概念及性质。

教育研究是以教育问题为对象,运用科学的方法,遵循一定的研究程序,收集、整理和分析有关资料,以发现和总结教育规律的一种认识活动。

教育研究的三个要素:客观事实、科学理论和方法技术。

教育研究的基本性质:文化性、价值性和主体性。

2. 简述教育研究的基本过程。(常考)

(1)选择研究课题;

(2)教育文献检索与综述;

(3)制订研究计划;

(4)教育研究资料的收集、整理与分析;

(5)教育研究论文与报告的撰写。

记忆技巧:一选二检三制订,整理分析写报告。

3. 简述教育科研选题的基本要求。/简述好的研究课题的特点。

(1)选题必须有价值;

(2)选题必须有科学的现实性;

(3)选题必须明确具体;

(4)选题必须新颖,有独创性;

(5)选题必须有可行性。

4. 文献检索的基本方法有哪些?

(1)顺查法;(2)逆查法;(3)引文查找法;(4)综合查找法。

5. 简述教育研究报告撰写的基本要求。

(1)在科学求实的基础上创新;

(2)观点和材料一致;

(3)在独立思考的基础上借鉴吸收;

(4)书写格式符合规范,文字精练、简洁,表达准确完整。

6. 常用的教育研究方法有哪些?

(1)观察研究法;(2)调查研究法;(3)实验研究法;(4)个案研究法;(5)比较法。

7. 简述观察研究法的类型。

(1)根据观察的情境条件,可分为自然观察法和实验观察法;

(2)根据观察时是否借助仪器设备,可分为直接观察法和间接观察法;

(3)根据观察者是否直接参与被观察者所从事的活动,可分为参与观察法和非参与观察法;

(4)根据观察内容是否有统一设计的、有一定结构的观察项目和要求,可分为结构性观察和非结构性观察;

(5)根据观察的内容是否连续完整以及观察记录的方式,可分为叙述观察法、取样观察法和评价观察法。

8. 简述观察研究法的主要优点和不足。

(1)优点:①可以在自然状态下获取教育事实数据;②不干扰观察对象的自然表现,可以获得客观、真实的数据;③可以对同一观察对象进行较长时间的跟踪研究。

(2)不足:①取样小,观察研究法一般限于小样本的研究;②所获材料具有一定的表面性;③观察缺乏控制,不能说明所观察到现象的因果关系。

9. 简述调查研究法的步骤。

(1)明确调查目的;(2)制订调查计划;(3)准备调查材料和工具;(4)实施调查;(5)整理调查材料;(6)撰写调查报告。

10. 调查研究法有哪些局限性?

(1)调查往往只是表面的,难以确定其因果关系;

(2)调查的成功往往取决于被调查者的合作态度,更多地受制于研究对象;

(3)调查的可靠性有一定限制,调查者的主观倾向、态度都有可能影响被调查者,使调查的客观性降低。

11. 简述实验研究法的优缺点。

(1)优点:①能确立因果关系,认识事物的本质和规律;②研究结果客观、准确、可靠;③能对变量进行控制,提高研究的信度;④能为理论的构建提供佐证和说明;⑤能将实验变量和其他变量的影响分离开来;⑥严密的逻辑性是其他研究方法难以比拟的。

(2)缺点:①应用范围有限,有些问题难以用实验的方法来解决;②可能会有人为造作的痕迹,实验的结果不一定就是现实的结果,缺乏生态效应等。

12. 简述行动研究法的特点。

教育行动研究的特点可以概括为"为教育行动而研究""在教育行动中研究""由教育行动者研究"。

(1)"为教育行动而研究"指出了教育研究的目

的,行动研究以提高行动质量、解决实际问题为首要目标;

(2)"在教育行动中研究"指出了研究的情境和研究的方式,行动研究以行动过程与研究过程的结合为主要表现形式;

(3)"由教育行动者研究"指出了教育行动研究的主体是实际工作者,主要是教师。

13. 简述行动研究法的步骤。(常考)

行动研究的基本过程大致分为循序渐进的四个环节,即计划、行动、考察和反思。

14. 简述行动研究法的优缺点。

(1)优点:①灵活,能适时做出反馈与调整;②能将理论研究与实践问题结合起来;③对解决实际问题有效。

(2)缺点:①研究过程松散、随意,缺乏系统性,影响研究的可靠性;②研究样本受具体情境的限制,缺少控制,影响研究的代表性。

专题四 教育与社会发展

1. 什么是教育的社会制约性和相对独立性?

(1)教育的社会制约性是教育社会性的最主要的表现形式,指教育受一定社会的生产关系和生产力发展水平的制约,同时也受社会文化传统和人口等其他社会因素的制约。

(2)教育的相对独立性是指教育具有自身独特的发展规律和能动性。主要表现在:①教育自身的历史继承性;②教育与社会发展的不平衡性;③教育与其他社会意识形式的平行性。

2.简述社会政治经济制度对教育发展的影响和制约作用。(常考)

(1)社会政治经济制度决定教育的领导权;

(2)社会政治经济制度决定受教育权;

(3)社会政治经济制度决定教育目的;

(4)社会政治经济制度决定着教育内容的取舍;

(5)社会政治经济制度决定着教育体制;

(6)社会政治经济制度制约教育的改革与发展;

(7)教育相对独立于社会政治经济制度。

3.简述生产力对教育的影响和制约作用。(常考)

(1)生产力的发展水平制约着教育发展的规模和速度;

(2)生产力的发展水平制约着教育结构的变化;

(3)生产力的发展水平制约着教育的内容、方法与手段;

(4)生产力的发展水平制约着学校的专业设置;

(5)教育相对独立于生产力的发展水平。

4.简述科学技术对教育的影响和制约。

科学技术对教育的影响,首先表现为对教育的动力作用。具体地说,科技对教育的作用表现为:

(1)科学技术能够改变教育者的观念;

(2)科学技术能够影响受教育者的数量和教育质量;

(3)科学技术能够影响教育的内容、方法和手段;

(4)科学技术影响教育技术。

5. 人口对教育发展有哪些影响?

(1)人口数量对教育发展的影响。①人口数量影响教育事业发展的规模和速度;②人口数量增长速度影响教育发展战略目标的实现和战略重点的选择。

(2)人口质量对教育发展的影响。人口质量对教育的影响表现为直接和间接两个方面:①直接影响是指入学者已有的水平对教育质量的影响;②间接影响是指年长一代人口质量影响新生一代人口质量,从而影响以新生一代为对象的学校教育质量。

(3)人口结构对教育发展的影响。①人口年龄结构影响教育发展。一般来说,有什么样的人口年龄结构就会有什么样的教育结构与之相适应。②人口就业结构影响教育发展。人口就业结构取决于一定地区的生产力发展水平,特别是产业结构和技术结构,但它又必然会对教育发展产生影响。

6. 简述教育的政治功能。

(1)教育通过培养合格的公民和政治人才为政治服务;

(2)教育通过传播思想、形成舆论作用于一定的

政治经济制度;

(3)教育促进民主化进程,但对政治经济制度不起决定作用。

7. 简述教育再生产劳动力的具体体现。(易错)

(1)教育使潜在的生产力转化为现实的生产力;

(2)教育可以提高劳动力的质量和素质,使之获得一定劳动部门认可的技能和技巧,成为发达的和专门的劳动力;

(3)教育可以改变劳动力的形态,把一个简单劳动力训练成一个复杂劳动力,把一个体力劳动者培养成一个脑力劳动者;

(4)教育可以使劳动力得到全面发展,提高劳动转换能力,摆脱现代分工对每个人造成的片面性。

8. 简述教育的科技功能。

(1)教育能完成科学知识再生产;

(2)教育推进科学的体制化;

(3)教育具有科学研究的功能;

(4)教育促进科研技术成果的开发利用。

9. 简述教育的文化功能和文化对教育的影响。

教育的文化功能:(1)教育能够传承文化;(2)教育能够改造文化(选择和整理、提升文化);(3)教育能够传播、交流和融合文化;(4)教育能够更新和创造文化。

文化对教育的影响:(1)文化对教育具有价值定

向作用;(2)文化发展促进学校课程的发展;(3)文化影响教育目的的确立;(4)文化影响教育内容的选择;(5)文化影响教育教学方法的使用。

10. 简述教育的人口功能。

(1)减少人口数量,控制人口增长;

(2)改善人口素质,提高人口质量;

(3)使人口结构趋向合理化;

(4)有助于人口迁移。

专题五　教育与人的发展

1. 简述内发论(遗传决定论)的基本观点与主要代表人物。(易混)

内发论强调内在因素,如“需要”“成熟”,强调人的身心发展的力量主要源于人自身的内在需要,身心发展的顺序也是由身心成熟机制决定的。即在人的身心发展过程中起决定作用的是遗传素质。

内发论的代表人物包括孟子、弗洛伊德、威尔逊、高尔顿、格塞尔、霍尔等。

记忆技巧:内孟四尔弗。

2. 简述外铄论(环境决定论)的基本观点与主要代表人物。

外铄论认为人的发展主要依靠外在的力量,诸如环境的刺激和要求、他人的影响和学校的教育等。

外铄论的主要代表人物包括荀子、洛克、华生等。

记忆技巧:外出寻找落花生。

3. 遗传素质是人的身心发展的前提,具体体现在哪些方面?(常考)

(1)遗传素质是人的身心发展的前提,为人的发展提供了可能性,但不能决定人的发展;

(2)遗传素质的个别差异是人的身心发展的个别差异的原因之一;

(3)遗传素质的成熟机制制约着人的身心发展的水平及阶段。

4. 简述环境对个体身心发展的影响。

(1)社会环境为个体的发展提供了多种可能,使遗传提供的发展可能变成现实;

(2)环境是推动人身心发展的动力;

(3)环境不决定人的发展;

(4)人对环境的反应是能动的。

5. 环境是推动人身心发展的动力,主要表现在哪些方面?

(1)环境是人身心发展不可缺少的外部条件;(2)环境推动和制约着人身心发展的速度和水平。

6. 简述学校教育在个体身心发展中起主导作用的原因。(常考)

(1)学校教育是有目的、有计划、有组织地培养人的活动;

(2)学校有专门负责教育工作的教师,相对而言效果较好;

(3)学校教育能有效地控制和协调影响学生发展的各种因素。

7. 简述学校教育在人身心发展中起主导作用的表现。/简述学校教育在影响个体发展上的特殊功能。

(1)学校教育对于个体发展做出社会性规范;

(2)学校教育具有开发个体特殊才能和发展个性的功能;

(3)学校教育对个体发展的影响具有即时和延时的价值;

(4)学校教育具有加速个体发展的特殊功能。

8. 简述"教育万能论"和"教育无用论"的主要内容和代表人物。

"教育万能论"是一种片面地夸大教育在人的发展中的作用的观点,认为人完全是教育的产物。代表人物有英国的洛克、德国的康德、美国的华生、法国的爱尔维修等。

"教育无用论"是一种抹杀教育在人的发展中的作用的观点,认为教育对人的发展无能为力。中世纪的一些学者以及英国的高尔顿都是这一观点的代表人物。

9. 从活动水平的角度来看,个体主观能动性由哪几个层次构成?

从活动水平的角度来看,个体主观能动性由三个

层次构成:

第一层次是人作为生命体进行的生理活动;第二层次是个体的心理活动;最高层次是社会实践活动。

10. 为什么说影响人的身心发展的因素是多方面的?

(1)遗传素质是人的身心发展的物质前提;

(2)环境为个体的发展提供了多种可能;

(3)教育作为特殊的环境对人的身心发展起主导作用;

(4)个体主观能动性是人的身心发展的内因和动力。

这些因素彼此关联、相互配合,共同发挥作用,促进人的身心发展。

11. 简述个体身心发展的基本规律。

(1)顺序性;(2)阶段性;(3)不平衡性(不均衡性);(4)互补性;(5)个别差异性;(6)整体性;(7)稳定性和可变性。

12. 简述个体身心发展的不平衡性的表现。

(1)一方面是指身心发展的同一方面的发展速度,在不同的年龄阶段是不平衡的;

(2)另一方面是就个体身心发展的不同方面而言的。研究表明,青少年身心的不同方面所达到的某种发展水平或成熟的时期是不平衡的,有的方面可能在较早年龄就达到较高水平,而有的方面则晚些。

13. 简述个体身心发展的互补性的概念及教育要求。

（1）互补性的概念：互补性是指机体某一方面的机能受损甚至缺失后，可通过其他方面的超常发展得到部分补偿。互补性也存在于心理机能与生理机能之间。

（2）互补性的教育要求：教育工作者要树立信心，相信每一个学生，特别是暂时落后或在某些方面有缺陷的学生，通过其他方面的补偿性发展，都可以达到与一般正常学生一样的发展水平；还要掌握科学的教育方法，发现学生的优势，扬长避短、长善救失，激发学生自我发展的信心和自觉。

14. 简述个体身心发展的个别差异性的教育要求。

个体身心发展的个别差异性要求教育必须因材施教，充分发挥每个学生的潜能和积极因素，有的放矢地选择适宜、有效的教育途径和方法手段，使每个学生都能得到最大的发展。如在教学中采取弹性教学制度、采取能力分组、组织兴趣小组等。

专题六　教育目的概述

1. 简述教育目的与教育方针的关系。

教育目的与教育方针既有联系又有所不同。

（1）联系：它们在对教育社会性质的规定上具有

内在的一致性,都含有"为谁(哪个阶级、哪个社会)培养人"的规定性,都是一定社会(国家或地区)各级各类教育在其性质和方向上不得违背的根本指导原则。

(2)区别:①教育方针所含的内容比教育目的的内容更多些。教育目的一般只包括"为谁培养人""培养什么样的人"的问题;而教育方针除此之外,还含有"怎样培养人"的问题和教育事业发展的基本原则。②教育目的在对人培养的质量规格方面要求较为明确,而教育方针则在"办什么样的教育""怎样办教育"方面更为突出。

2. 什么是教育方针?我国的教育方针是什么?

(1)教育方针是最高国家权力机关根据政治、经济要求,明令颁布实行的一定历史阶段教育工作的总的指导方针或总方向。教育方针是教育政策的总概括,是全国各级各类教育的目的和必须遵循的准则,是指导整个教育事业发展的战略原则和行动纲领。

(2)2021 年 4 月 29 日最新修正的《中华人民共和国教育法》指出:"教育必须为社会主义现代化建设服务、为人民服务,必须与生产劳动和社会实践相结合,培养德智体美劳全面发展的社会主义建设者和接班人。"这是我国当前的教育方针。

3. 制定教育目的有什么意义?

教育目的是整个教育工作的核心,是教育活动的依据和评判标准、出发点和归宿,在教育活动中居于主导地位。同时它也是全部教育活动的主题和灵魂,是教育的最高理想。它贯穿于教育活动的全过程,对一切教育活动都有指导意义,也是确定教育内容、选择教育方法和评价教育效果的根本依据。

4. 简述教育目的的作用(功能)。

观点一:(1)教育目的对教育工作具有导向作用;(2)教育目的对贯彻教育方针具有激励作用;(3)教育目的是对教育效果进行评价的重要标准。

观点二:教育目的的功能包括导向功能、调控功能和评价功能。

观点三:教育目的具有定向作用、调控作用和评价作用。

5. 教育目的包含哪几个层次?(常考)

(1)国家的教育目的;

(2)各级各类学校的培养目标;

(3)教师的教学目标。

6. 简述确立教育目的的依据。

观点一:(1)特定的社会政治、经济、文化背景;(2)人的身心发展特点和需要;(3)人们的教育理想。

观点二:(1)生产力的发展水平;(2)社会关系因素;(3)受教育者身心发展的特点与规律。

7. 简述马克思主义关于人的全面发展学说的主

要内容。（常考）

（1）人的全面发展；

（2）旧式分工造成了人的片面发展；

（3）机器大工业生产为人的全面发展提供了基础和可能；

（4）社会主义制度是实现人的全面发展的社会条件；

（5）教育与生产劳动相结合是“造就全面发展的人的唯一方法”。

8. 简述个人本位论的主要观点。

个人本位论盛行于 18～19 世纪上半叶，认为确立教育目的的根据是人的本性，教育的目的是培养健全发展的人，发展人的本性，挖掘人的潜能，增进受教育者的个人价值，个人价值高于社会价值，而不是为某个社会集团或阶级服务。简言之，教育的根本目的是人的本性和本能的高度发展。

9. 简述社会本位的教育目的价值取向的基本观点。（易混）

社会本位论盛行于 19 世纪下半叶，认为确立教育目的的根据是社会的要求，个人的发展必须服从社会需要，因为个人生活在社会中，受制于社会环境。教育的目的是为社会培养合格的成员和公民，使受教育者社会化，社会价值高于个人价值，教育质量和效果可以用社会发展的各种指标来评价。简言之，教育以社会的稳定和发展为最高宗旨。

10. 什么是文化本位论？

文化本位论的教育目的观强调教育目的应围绕文化这一范畴来进行，用“文化”来统筹教育、社会、人三者之间的关系，其最终目的在于：唤醒人们的意识，使其具有自动追求理想价值的意志，并使文化有所创造，形成与发展新的文化。其代表人物有早期的狄尔泰和后来的斯普兰格。

专题七　我国的教育目的

1. 简述现阶段我国教育目的的基本精神。

(1)坚持社会主义方向性；

(2)坚持全面发展；

(3)培养独立个性；

(4)教育与生产劳动相结合，是实现我国教育目的的根本途径；

(5)注重提高全民族素质。

记忆技巧：两坚持、一培养、一结合、一提高。

2. 简述我国全面发展教育的组成部分。

(1)德育。德育是培养学生正确的人生观、世界观、价值观，使学生具有良好的道德品质和正确的政治观念，形成正确的思想方法的教育。

(2)智育。智育是传授给学生系统的科学文化知识、技能，发展他们的智力和与学习有关的非认知因素的教育。

(3)体育。体育是授予学生健康的知识、技能，发展他们的体力，增强他们的自我保健意识和体质，培养他们参加体育活动的需要和习惯，增强其意志力的教育。

(4)美育。美育是培养学生健康的审美观，发展他们感受美、鉴赏美、创造美的能力，培养他们高尚的情操与文明素养的教育。

(5)劳动技术教育。劳动技术教育是引导学生掌握劳动技术知识和技能，形成劳动观点和习惯的教育。

3. 立德树人是我国社会主义教育事业的核心，德育是“五育”的灵魂。简要说明学校教育中德育的基本任务。

(1)培养学生良好的道德品质；

(2)培养学生正确的政治方向；

(3)培养学生正确的价值观；

(4)培养学生良好、健康的心理品质；

(5)培养学生良好的思想品德能力等。

4. 智育的具体任务有哪些？

(1)向学生系统传授科学文化知识，为学生各方面发展奠定良好的知识基础；

(2)培养训练学生，使其形成基本技能；

(3)培养和发展学生的智力才能，增强学生各个方面能力；

(4)培养学生良好的学习品质和热爱科学的精神。

5. 简述美育的主要任务。

(1)培养学生正确的审美观点，使他们具有感受美、理解美和鉴赏美的知识与技能；

(2)培养学生艺术活动的技能，发展他们体现美和创造美的能力；

(3)培养学生心灵美和行为美，使他们在生活中体现内在美和外在美的统一。

6. 劳动技术教育的任务有哪些？

(1)培养学生的劳动观点、劳动习惯和学习生产技术的兴趣；

(2)使学生初步掌握现代生产技术的基础知识和基本技能，学会使用一般的生产工具；

(3)掌握组织生产和管理生产的初步知识和技能。

7. 简述全面发展教育各组成部分之间的关系。（常考）

(1)“五育”在全面发展中的地位存在不平衡性；

(2)“五育”各有其相对独立性；

(3)“五育”之间具有内在联系。

8. 要培养合乎时代需要的一代新人，应当特别注

意人才素质的哪些方面？

（1）创新精神；（2）实践能力；（3）开放思维；（4）崇高理想。

9. 简述素质教育的内涵。（常考）

（1）素质教育是面向全体学生的教育；

（2）素质教育是促进学生全面发展的教育；

（3）素质教育是促进学生个性发展的教育；

（4）素质教育是以培养学生创新精神和实践能力为重点的教育。能不能培养学生的创新精神和实践能力是应试教育和素质教育的本质区别。

10. 简述素质教育与全面发展教育的关系。

素质教育的提法与全面发展教育并不矛盾，从本质上讲，二者是一致的。

（1）全面发展教育思想是素质教育的理论基础。素质教育正是以全面发展教育思想为指导，以历史上和现阶段的“全面发展教育”为基础的。

（2）素质教育是全面发展教育在社会主义建设时期的具体落实和深化。素质教育的提出是为了纠正教育实践对教育目的的背离，如片面追求升学率，过于注重学生的智育而忽视其他方面教育的情况等；素质教育是全面发展的教育目的对教育活动进行调控的一个结果，当然也是教育目的的具体落实和深化。

11. 简述实施素质教育的措施。

（1）改变教育观念；（2）转变学生观；（3）加大教

育改革的力度;(4)建立素质教育的保障机制;(5)建立素质教育的运行机制;(6)营造良好的校园文化氛围。

12. 简述在实施素质教育的过程中应避免的误区。(常考)

(1)素质教育就是不要“尖子生”;

(2)素质教育就是要学生什么都学、什么都学好;

(3)素质教育就是不要学生刻苦学习,“减负”就是不给或少给学生留课后作业;

(4)素质教育就是要使教师成为学生的合作者、帮助者和服务者;

(5)素质教育就是多开展课外活动,多上文体课;

(6)素质教育就是不要考试,特别是不要百分制考试;

(7)素质教育就会影响升学率。

专题八　学校与学校教育制度

1. 简述学校产生的条件。(常考)

(1)生产力的发展以及社会生产水平的提高,为学校的产生提供了物质基础;

(2)脑力劳动和体力劳动的分离,为学校的产生提供了专门从事教育活动的知识分子;

(3)文字的创造与知识的积累,为学校教育活动的开展提供了有效的教育手段与充分的教育内容;

(4)国家机器的产生,需要专门的机构培养官吏和知识分子来为统治阶级服务。

2. 简述学生文化的特征。

(1)学生文化具有过渡性;

(2)学生文化具有非正式性;

(3)学生文化具有多样性;

(4)学生文化具有互补性;

(5)学生文化具有调适性。

3. 简述校园文化的主要内容。

校园文化包括校园物质文化、校园精神文化和校园组织与制度文化。

(1)校园物质文化,是看得见、摸得着的东西,如校园设施等;

(2)校园精神文化是校园文化的核心内容,也是校园文化的最高层次,主要包括校风、学风、教风、班风和学校人际关系等;

(3)校园组织与制度文化作为校园文化的内在机制,包括学校的传统、仪式、规章制度等。

4. 简述校园文化的特征。

(1)互动性;(2)渗透性;(3)传承性。

5. 简述建立学制的依据。(易混)

(1)生产力发展水平和科学技术发展状况;

(2)社会政治经济制度;

(3)青少年儿童身心发展规律;

(4)人口发展状况；

(5)文化传统；

(6)本国学制的历史发展和国外学制的影响。

6. 简述现代学校教育制度的类型。

现代学制最早出现在欧洲，主要有三种类型：(1)双轨学制；(2)单轨学制；(3)分支型学制。

7. 简述西欧双轨学制的特点。

西欧双轨制以英国的双轨制为典型代表，法国、联邦德国等欧洲国家的学制都属这种学制。它的学校系统分为两轨，一轨是学术教育，为特权阶层子女所占有，学术性很强，学生可升到大学以上；另一轨是职业教育，为劳动人民的子弟所开设，属生产性的一轨。两轨之间互不相通，互不衔接。这种学制不利于教育的普及。

8. 简述现代教育制度的发展趋势。

(1)加强学前教育并重视与小学教育的衔接；

(2)强化普及义务教育，延长义务教育年限；

(3)中等教育中普通教育与职业教育朝着相互渗透的方向发展；

(4)高等教育的大众化；

(5)终身教育体系的建构；

(6)教育社会化与社会教育化；

(7)教育的国际交流加强；

(8)学历教育与非学历教育的界限逐渐淡化。

9. 简述终身教育的特点。

(1)终身性;(2)全民性(民主性和普及性);(3)形式多样性;(4)广泛性(连贯性);(5)自主性;(6)灵活性和实用性。

10. 请简要介绍1902年的“壬寅学制”。

(1)1902年的《钦定学堂章程》,亦称“壬寅学制”,以日本的学制为蓝本,由当时的管学大臣张百熙主持拟定。

(2)规定设学宗旨“激发忠爱,开通智慧,振兴实业”为全学之纲领。

(3)是中国近代教育史上最早由国家正式颁布的学制系统,虽然正式公布,但并未实行。

11. 谈谈你对1922年的“壬戌学制”的了解。

(1)1922年,在北洋军阀统治下,留美派主持的全国教育会联合会以美国学制为蓝本,颁布了“壬戌学制”。

(2)采用美国式的六三三分段法,即小学六年、初中三年、高中三年,因此又称“新学制”或“六三三学制”。

(3)明确以学龄儿童和青少年身心发展规律作为划分学校教育阶段的依据,这在我国现代学制史上是第一次。

(4)国民党政府于1928年对其进行修改,但基本上继承了“壬戌学制”,并一直沿用到全国解放初期。

12. 简述我国现行学校教育制度的结构。（易混）

(1)从层次结构上来看,我国现行学校教育包括学前教育、初等教育、中等教育和高等教育四个层次;

(2)从类型结构上来看,我国现行学校教育可划分为基础教育、职业技术教育、高等教育、成人教育和特殊教育五个大类。

记忆技巧:类型结构——高人特机(基)智(职)。

13. 简述我国当前学制改革的主要内容。

(1)加强基础教育,落实义务教育;

(2)调整中等教育结构,发展职业技术教育;

(3)稳步发展高等教育,走内涵发展为主的道路;

(4)重视成人教育,发展终身教育。

专题九　教师及其职业素养

1. 简要回答教师职业的使命。

教师是履行教育教学职责的专业人员,承担教书育人,培养社会主义事业建设者和接班人、提高民族素质的使命。

2. 简述教师的作用。

(1)教师是人类文化的传播者,在社会的发展和人类的延续中起桥梁与纽带作用;

(2)教师是人类灵魂的工程师,在塑造年青一代的品格中起着关键性作用;

(3)教师是人的潜能的开发者,对个体发展起促进作用；

（4）教师是教育工作的组织者、领导者，在教育过程中起主导作用。

3. 简述教师职业的性质。

（1）教师职业是一种专门职业，教师是专业人员；

（2）教师是教育者，教师职业是促进个体社会化的职业。

4. 简述教师职业的发展历史。

（1）非职业化阶段；（2）职业化阶段；（3）专门化阶段；（4）专业化阶段。

5. 教师的职业角色有哪些？（常考）

观点一：（1）"传道者"角色（人类灵魂的工程师）；（2）"授业、解惑者"角色（知识传授者、人类文化的传递者）；（3）示范者角色（榜样）；（4）"教育教学活动的设计者、组织者和管理者"角色；（5）"家长代理人、父母"和"朋友、知己"的角色；（6）"研究者"角色和"学习者""学者"角色。

观点二：（1）学习者和学者；（2）知识的传授者；（3）学生心灵的培育者；（4）教学活动的设计者、组织者和管理者；（5）学生学习的榜样；（6）学生的朋友。

6. 简述强硬专断型教师的行为特点及该类型教师管理下学生的典型反应。

（1）教师的行为特点：对学生严加监视，要求即刻无条件接受一切命令，很少表扬学生；认为没有教师

的监督,学生不可能自觉学习;

(2)学生的典型反应:屈服,不信服、厌恶这种领导;推卸责任;易激怒,不愿合作,可能会在背后伤人;教师一旦离开教室,学习明显松垮。

7. 简述教师劳动的特点。(常考)

(1)教师劳动的复杂性和创造性;

(2)教师劳动的连续性和广延性;

(3)教师劳动的长期性和间接性;

(4)教师劳动的主体性和示范性;

(5)教师劳动方式的个体性和劳动成果的群体性。

8. 简述教师劳动的复杂性的主要表现。

(1)教师劳动性质的复杂性;

(2)教师劳动对象的复杂性;

(3)教师劳动任务的复杂性;

(4)教师劳动过程的复杂性;

(5)教师劳动手段的复杂性。

9. 教师劳动的创造性体现在哪几个方面?(常考)

(1)因材施教;

(2)教学方法上的不断更新;

(3)教师需要"教育机智"。

10. 简述教师职业道德素养的主要内容。

(1)对待事业:忠于人民的教育事业;

(2)对待学生:热爱学生;

(3)对待集体:团结协作;

(4)对待自己:为人师表(良好的道德修养)。

11. 为什么说教师热爱学生在教育过程中起着十分重要的作用?

(1)师爱是教师接纳、认可学生的心理基础,是教育好学生的前提;

(2)师爱是激励教师做好教育工作的精神动力;

(3)师爱是打开学生心扉的钥匙;

(4)师爱有助于培养学生友好待人、趋向合群等良好的社会情感和开朗乐观的个性。

12. 教师应如何热爱学生?

(1)把对学生的爱与严格要求相结合;

(2)把爱与尊重、信任相结合;

(3)要全面关怀学生;

(4)要关爱全体学生;

(5)理解和宽容学生;

(6)解放学生;

(7)对学生要保持积极、稳定的情绪。

13. 教师该如何做到团结协作?

(1)相互支持、相互配合;

(2)严于律己,宽以待人;

(3)弘扬正气,摒弃陋习。

14. 教师的知识素养有哪些?(常考)

(1)政治理论修养;

(2)精深的学科专业知识(本体性知识);

(3)广博的科学文化知识;

(4)必备的教育科学知识(条件性知识);

(5)丰富的实践知识。

15. 为什么教师的知识不仅要“专”,而且要“博”?

(1)这是科学知识日益融合和渗透的要求;

(2)这是青少年多方面发展的要求;

(3)教师的任务是教书育人。

16. 教师应具有哪些能力素养?

(1)语言表达能力;(2)组织管理能力;(3)组织教育和教学的能力;(4)自我调控和自我反思能力(较高的教育机智)。

此外,教师还应该具备教育科研能力、学习能力、观察学生的能力、创新能力以及运用现代教育技术手段的能力。

17. 教师的语言表达能力应符合什么样的要求?

(1)准确、简练,具有科学性;

(2)清晰、流畅,具有逻辑性;

(3)生动、形象,具有启发性;

(4)口头语言和肢体语言的巧妙结合。

18. 教师应该具有哪些组织教育和教学的能力?

(1)教师要善于制订教育教学工作计划、编写教案、组织教材,以加强教学工作的预见性、有序性;

(2)教师要善于组织课堂教学,以保证教学过程的顺利进行和教学任务的完成;

(3)教师要善于组织学校、家庭及社会各方面的教育力量,使各方面相互配合,进行教育资源的整合。

19. 教师职业心理健康的内容有哪些?

(1)高尚的师德;(2)愉悦的情感;(3)良好的人际关系;(4)健康的人格。

20. 简述教师专业发展的内容。

(1)专业理想的建立;(2)专业自我的形成;(3)专业知识的拓展与深化;(4)专业能力的提高;(5)教师的专业人格;(6)专业态度和动机的完善。

21. 简述教师专业发展的途径。(常考)

(1)师范教育;(2)入职培训;(3)在职培训;(4)自我教育。

此外,跨校合作(如教师专业发展学校),专家指导(如讲座、报告),政府教育部门和教研机构组织的各类专业培训和交流活动等也是教师专业发展的途径。

22. 简述教师个人为实现专业化应做的主观努力。

(1)善于学习;(2)恒于研究;(3)勤于反思;(4)勇于实践。

23. 简述《小学教师专业标准(试行)》的基本理念。

(1)师德为先;(2)学生为本;(3)能力为重;

(4)终身学习。

24.《小学教师专业标准(试行)》中确定的教师专业知识包括哪几个方面?

(1)小学生发展知识;(2)学科知识;(3)教育教学知识;(4)通识性知识。

25.《小学教师专业标准(试行)》要求教师具备哪些通识性知识?

(1)具有相应的自然科学和人文社会科学知识;

(2)了解中国教育基本情况;

(3)具有相应的艺术欣赏与表现知识;

(4)具有适应教育内容、教学手段和方法现代化的信息技术知识。

26.《中学教师专业标准(试行)》要求教师具备哪些通识性知识?

(1)具有相应的自然科学和人文社会科学知识;

(2)了解中国教育基本情况;

(3)具有相应的艺术欣赏与表现知识;

(4)具有适应教育内容、教学手段和方法现代化的信息技术知识。

27.《中学教师专业标准(试行)》确定的教师专业能力包括哪几个方面?

(1)教学设计;(2)教学实施;(3)班级管理与教育活动;(4)教育教学评价;(5)沟通与合作;(6)反思与发展。

28. 根据所报考的岗位要求,以年度为单位,对自己从入职第一年到工作第三年的教学能力的发展情况做个规划。

(1)第一年:明确个人发展目标,实现角色转变,初步掌握学科的教学常规和技能。具体包括加强专业知识学习、认真备课上课、坚持反思与总结等。

(2)第二年:加强教学技能的培养,努力提高课堂效果。具体包括积极听取优质课、坚持进行教学案例、教育随笔、教研论文的撰写等。

(3)第三年:初步形成自己的教学特色。具体包括熟练运用教育教学技能、关注教育前沿信息、提升个人师德修养等。

(此为开放性试题,考生可结合报考岗位作答)

专题十　学　生

1. 学生主体性的基本内涵是什么?教学活动中应如何尊重和发挥学生的主体性?

(1)学生主体性的基本内涵是:自主性、主动性和创造性。

(2)教学活动中尊重和发挥学生的主体性的原则包括:①教育、教学活动的组织,要尊重学生的感受;②教育活动中,要给学生留有选择的余地,并尊重学生的选择;③教育中要鼓励学生的创造性。

2. 如何培养学生的主体性？

(1)建立民主而和谐的师生关系，重视学生自学能力的培养；

(2)重视培养学生主体参与课堂，让学生获得主体参与的体验，尤其让学生体验成功；

(3)尊重学生的个性差异，对学生进行具有针对性的教育。

3. 简述“学生是发展中的人”的四层含义。（易混）

(1)学生具有和成人不同的身心发展特点；

(2)学生具有发展的巨大潜在可能性；

(3)学生具有发展的需要；

(4)学生具有获得成人教育关怀的需要。

4. 简述新课程提倡的学生观。/简述现代学生观的主要内容。（常考）

(1)学生是发展中的人，要用发展的观点认识学生；

(2)学生是独特的人；

(3)学生是具有独立意义的人。

5. 在教育教学中，要把学生看成独特的人，简述“独特的人”的基本含义。

(1)学生是完整的人；

(2)每个学生都有自身的独特性；

(3)学生与成人之间存在着巨大的差异。

6."学生是具有独立意义的人。"这句话有什么含义?

(1)每个学生都是独立于教师的头脑之外,不以教师的意志为转移的客观存在;

(2)学生是学习的主体;

(3)学生是责权主体。

专题十一 师生关系

1. 简述师生关系的作用。

(1)良好的师生关系是教育教学活动顺利进行的保障;

(2)良好的师生关系是构建和谐校园的基础;

(3)良好的师生关系是实现教学相长的催化剂;

(4)良好的师生关系能够满足学生的多种需要。

此外,良好的师生关系还有助于提高教师的威信,有助于师生的心理健康发展。

2. 简述"教师中心论"和"儿童中心论"的主要观点。

(1)教师中心论的典型代表是赫尔巴特,他认为教师在教育教学过程中起主宰作用,强调教师的权威作用。

(2)儿童中心论(学生中心论)认为教育的目的在于促进儿童的成长,因此教育要从学生的兴趣和需要出发,整个教育过程要围绕儿童进行,其代表人物有法国的卢梭和美国的杜威。

3. 简述师生关系的内容。（易错）

（1）师生在教育内容的教学上结成授受关系；

（2）师生在人格上是平等的关系；

（3）师生在社会道德上是互相促进的关系。

4. 简述师生关系的基本类型。

（1）专制型师生关系。此类师生关系中，教师教学责任心强，但不讲求方式方法，不注意听取学生的意愿和与学生的协作；学生对教师只能唯命是从，不能发挥独立性和创造性，学习是被动的。师生交往一般缺乏情感因素，难以形成互尊互爱的良好人际关系，学生甚至会因教师的专断粗暴、简单随意而产生反感、憎恶甚至对抗，造成师生关系紧张。

（2）放任型师生关系。此类师生关系中，教师缺乏责任心和爱心，对学生的学习和发展任其自然；学生对教师的教学能力怀疑、失望，对教师的人格议论、轻视。师生关系冷漠，班级秩序失控，教学效果较差。

（3）民主型师生关系。此类师生关系中，教师能力强、威信高，善于同学生交流，不断调整教学进程和方法；学生学习积极性高，兴趣广泛、独立思考，和教师配合默契。民主型师生关系，来源于教师的民主意识、平等观念以及较高的业务素质和强大的人格力量，这是理想的师生关系类型。

5. 影响良好师生关系建立的因素有哪些？

（1）教师方面：①教师对学生的态度；②教师的领

导方式;③教师的智慧;④教师的人格因素。

(2)学生方面:学生对教师的认识。

(3)环境方面:主要包括学校的人际关系环境和课堂的组织环境。

6.如何才能建立良好的师生关系?(常考)

(1)教师方面:①了解和研究学生;②树立正确的学生观;③提高教师自身的素质;④热爱、尊重学生,公平对待学生;⑤发扬教育民主;⑥主动与学生沟通,善于与学生交往;⑦正确处理师生矛盾;⑧提高法制意识,保护学生的合法权利;⑨加强师德建设,纯化师生关系。

(2)学生方面:①正确认识自己;②正确认识教师。

(3)环境方面:①加强校园文化建设,确保校园文化的相对独立性、完整性和纯洁性;②加强学风教育,促进良好学风的养成,使学生在一个良好的氛围下健康地学习。

7.简述新型师生关系的特点。(常考)

观点一:(1)人际关系:尊师爱生;(2)社会关系:民主平等;(3)教育关系:教学相长;(4)心理关系:心理相容。

观点二:(1)人际关系:民主平等;(2)工作关系:教学相长;(3)心理关系:尊师爱生;(4)群体关系:心理相容。

8. 如何增强师生之间的心理相容性?

(1)多接触学生,研究学生,了解学生的心理状态;

(2)遵循教育规律,多采取讨论、启发等教学方法;

(3)为人师表,以人格力量感化学生。

9. 请完整、准确地写出两句教育名言,选其中一句,简述喜欢的理由。

(1)"一个无任何特色的教师,他教育的学生不会有任何特色。"

这句话告诉我们,教师应不断地进行教学上的创新,做到"教学有法,教无定法",同时不断学习,充实自身的知识素养和人格魅力。

(2)"你的教鞭下有瓦特,你的冷眼里有牛顿,你的讥笑中有爱迪生。你别忙着把他们赶跑。你可不要等到坐火轮、点电灯、学微积分,才认识他们是你当年的小学生。"

这句话告诉我们,作为教师要平等地对待学生,关心爱护全体学生,不歧视、侮辱学生。同时要善于发现学生身上的优点,坚信每个学生都是成长中的、不断发展的个体。

(此为开放性试题,考生可结合自身所学作答)

专题十二　课程概述

1. 简述课程的意义。

(1)课程是学校培养人才蓝图的具体表现;

(2)课程是教师从事教育活动的基本依据；

(3)课程是学生吸取知识的主要来源；

(4)合理的课程设置对学生的全面发展起着决定作用；

(5)课程是评估教学质量的主要依据和标准。

2. 简述学科课程的优点。(常考)

(1)从社会发展角度讲，有助于文化遗产的系统传承；

(2)从学生角度讲，有助于学生全面、准确地了解该领域的发展状况，实现智力的充分发展；

(3)从教学角度讲，学科课程的教学活动容易组织，也容易评价，便于提高教学效率；

(4)从国家角度讲，在保证尖端人才的培养和促进国家科学技术的发展方面具有不可替代的基础作用。

3. 简述经验课程(活动课程)的局限性。

(1)经验课程以学习者的经验为中心来组织，容易导致学科知识的支离破碎，学生难以掌握完整系统的学科知识体系；

(2)经验课程以学习者的活动为中心，但学习者的活动具有多种性质，并非所有的活动都有教育价值，也并非所有的活动都能带来同样的教育价值，因此在实施中容易导致“活动主义”，为活动而活动，如果把握不当，会极大地影响教学效率和教育质量；

(3)经验课程在课程实施中对教师的教学组织能

力以及相关教学设施提出了较高要求，它要求教师具有相当高的专业素养和教育艺术素养，在师资条件不具备的情况下，经验课程的实施具有一定的风险性。

4. 简述综合课程的分类。

综合课程可分为学科本位综合课程、社会本位综合课程、儿童本位综合课程。

（1）学科本位综合课程是以学科或文化知识作为课程整合的基点，课程整合的核心主要源于学科，这种综合课程试图打破或超越各分科课程自身固有的逻辑，形成一种把不同学科内容有机整合为一体的新的逻辑。

（2）社会本位综合课程是以源于社会生活的问题为课程整合的核心，其目的是使学习者适应或改进当代社会生活。这类课程的内容主要源于某一社会或整个人类的条件和状况，学生研究社会（特别是他们自己的社会）的种种特征与问题，如学校的功能、社会生活的主要活动等。

（3）儿童本位综合课程是以儿童当下的直接经验、儿童的需要和动机、儿童的兴趣和心理发展为课程整合的核心，其目的是促进儿童的经验生长和人格发展。

5. 简述必修课程与选修课程的内涵。

（1）必修课程是根据人的发展和社会发展需要制定的，所有学生都必须学习的科目。它是个体社会化的基础，主导价值在于培养和发展学生的共性。就我国现阶段基础教育课程现状而言，必修课程一般包括国家课程和地方课程。

(2)选修课程是针对必修课程的不足之处提出来的，是为发展学生的兴趣、爱好和个性特长而开设的课程。

6. 简述国家课程、地方课程与校本课程的内涵。

(1)国家课程的主导价值在于通过课程体现国家的教育意志，它侧重于学生发展的基本要求与共同素质，强调课程内容的一致性、共同性和发展性，在实施上具有强制性。

(2)地方课程的主导价值在于通过课程满足地方社会发展的现实需要，它是一种为突出地方特色与地方文化，满足地方发展需要而设置的课程，具有区域性、本土性的特点。

(3)校本课程的主导价值在于通过课程展示学校的办学宗旨和特色，提升学校的办学水平，促进学生的个性发展。

7. 根据课程任务，可将课程分为哪几类？

根据课程任务，可将课程分为基础型课程、拓展型课程与研究型课程。

(1)基础型课程。基础型课程注重培养学生的基础学力，注重学生对科学文化基础知识和基本技能的掌握，同时获得智力的发展和能力的培养，即培养学生作为一个公民所必需的以"三基"(读、写、算)为中心的基础教养,是中小学课程的主要组成部分。

(2)拓展型课程。拓展型课程注重拓展学生的知识和能力,开阔学生的知识视野,发展学生各种不同的特殊能力,并迁移到其他方面的学习。

(3)研究型课程。研究型课程注重培养学生的探究态度和能力。这类课程从问题的提出、方案的设计到实施以及结论的得出,完全由学生自己来做,重研究过程甚于注重结论。

8. 什么是隐性课程?隐性课程的主要表现形式有哪些?(易混)

(1)隐性课程亦称潜在课程、自发课程,是学校情境中以间接的、内隐的方式呈现的课程。

(2)隐性课程的主要表现形式有:

①观念性隐性课程。包括隐藏于显性课程之中的意识形态,学校的校风、学风,有关领导与教师的教育理念、价值观、知识观、教学风格、教学指导思想等。

②物质性隐性课程。包括学校建筑、教室的设置、校园环境等。

③制度性隐性课程。包括学校管理体制、学校组织机构、班级管理方式、班级运行方式。

④心理性隐性课程。主要包括学校人际关系状况,师生特有的心态、行为方式等。

9. 简述制约课程的因素。

社会、知识、儿童是制约学校课程的三大因素。具体表现为：

(1)一定历史时期社会发展的要求及提供的可能(社会需求)；

(2)一定时代人类文化及科学技术发展水平(学科知识水平)；

(3)学生的年龄特征、知识与技能的基础及其可接受性(学习者身心发展的需求)。

此外，课程理论也是制约课程的因素。

10. 简述学生中心课程理论的基本主张。

(1)经验论；(2)以儿童为中心的活动论；(3)主动作业论；(4)课程组织的心理顺序论。

11. 简述学生中心课程理论的优点。

(1)重视学生学习活动的心理准备，在课程设计与安排上满足了儿童的兴趣，有很大的灵活性，调动了学生学习的主动性和积极性；

(2)强调实践活动，重视学生通过亲自体验获得直接经验，主动去探索，有利于培养学生解决实际问题的能力；

(3)强调围绕现实社会生活各个领域精心设计和组织课程，有利于学生获得对世界的完整认识。

12. 简述学科中心主义课程理论的基本观点。

学科中心主义课程理论的基本观点是主张教学

内容应以学科为中心，与不同学科对应设置课程，通过分科教学，使学生掌握各科的基本知识、技能、思想方法，从而形成学生的知识结构。

13. 简述学科中心课程理论的优缺点。（常考）

（1）优点：①按学科中心课程理论编制课程，有利于传授系统的科学知识，继承人类文化遗产；②重视学生对知识的系统学习，便于学生对知识的掌握与运用；③受到悠久传统的支持，大多数教师对此习惯；④课程的构成比较简单，易于评价。

（2）局限性：①以学科为中心编制课程，容易把各门知识割裂开来，不能在整体中、联系中进行学习；②编制的课程完全从成人的生活需要出发，不重视甚至忽视儿童的兴趣和需要，不利于因材施教，容易导致理论与实践脱节，不能学以致用；③各学科容易出现不必要的重复，增加学生的学习负担。

专题十三　课程目标、课程内容与课程结构

1. 简述课程目标与教育目的、培养目标、教学目标的关系。（常考）

（1）教育目的是总体性的、高度概括性的，而不是具体的；课程目标旨在详细描述学生身心发展的预期结果，明确学生所要达到的发展水平，是具体的，可以付诸实现，不是一般性的规划，与教育目的不同。

（2）培养目标的实现，主要是通过学校所设置的

课程而达成的,但培养目标通常不涉及具体的学习领域。因此,为了使课程编制工作切实有效,我们还必须使培养目标具体化,即要确定课程目标。课程目标是培养目标的下位概念。

(3)教学目标是课程目标的进一步具体化,是指导、实施和评价教学的基本依据,是师生在学科教学活动中预期达到的教学结果、标准。教学目标是课程目标的下位概念。课程目标的制定关系到某一科类或某一学科的全局,而教学目标是为教师的教和学生的学提供依据,它主要是对局部的教与学产生导向作用。

(4)从教育目的到培养目标到课程目标再到教学目标,它们是一个紧密联系的统一体,上一层次的目标制约着下一层次的目标,而下一层次目标是上一层次目标的落实与具体化。

2. 简述确定课程目标的依据。

(1)学习者的需要(对学生的研究);

(2)当代社会生活的需求(对社会的研究);

(3)学科知识及其发展(对学科的研究)。

3. 简述新课程提出的三维课程目标。(常考)

新课程提出的三维课程目标即知识与技能、过程与方法、情感态度与价值观。

"知识与技能"目标强调基础知识和基本技能的获得,相当于传统的"双基教学"。

"过程与方法"目标突出的是让学生"学会学

习”,使学生获得知识的过程同时成为获得学习方法和能力发展的过程。

“情感态度与价值观”目标强调教学过程中激发学生的情感共鸣,引起积极的态度体验,形成正确的价值观。

上述三个目标应是一个整体,互相联系,融为一体。在教学中,既没有离开情感态度与价值观、过程与方法的知识与技能的学习,也没有离开知识与技能的情感态度与价值观、过程与方法的学习。

4. 课程内容选择的准则有哪些?

(1)注意课程内容的基础性;

(2)课程内容应贴近社会生活;

(3)课程内容要与学生和学校教育的特点相适应。

5. 新课程改革为什么将“教学大纲”改为“课程标准”?

新课程改革中以“课程标准”代替“教学大纲”,至少应包含以下几方面的理解和考虑:

(1)课程价值趋向从精英教育转向大众教育;

(2)课程目标着眼于学生素质的全面提高;

(3)从只关注教师教学转向关注课程实施过程;

(4)课程管理从刚性转向弹性。

6. 简述课程标准的意义。

(1)在国家层面上,它标志着公民素养有了明确的质量标准；

(2)在学校教育层面上，它标志着素质教育的落实有了根本依托；

(3)在教材层面上，它标志着教科书走向多元化有了可能；

(4)在教学层面上，它标志着教学方式的革新有了新标准；

(5)在教师层面上，它标志着教师专业自主权的确立有了保障；

(6)在学生层面上，它标志着减轻学生心理负担有了希望。

7. 简述课程标准的设计原则。

(1)课程标准关注的对象是学生，是对学生学习行为的要求；

(2)课程标准涉及的范围是学生综合的发展领域，如指出是"知识与技能、过程与方法和态度的规定"；

(3)课程标准的要求是所有学生基本要达到的要求，而非最高要求；

(4)课程标准的目的是促进学生更好地发展，而不仅仅是应付某一件事；

(5)它隐含着教师不是教科书的执行者，而是教学方案(课程)的开发者，即教师是"用教科书教，而不是教教科书"。

8. 简述教科书的作用。

(1)教科书是学生在学校获得系统知识、进行学习的主要材料,它可以帮助学生掌握教师教授的内容,同时,也便于学生预习、复习和做作业。

(2)教科书也是教师进行教学的主要依据,它为教师的备课、上课、布置作业、学生学习成绩的检查评定提供了基本材料。

(3)根据教学计划对本学科的要求,分析本学科的教学目标、内容范围和教学任务。

(4)根据本学科在整个学校课程中的地位,研究本学科与其他学科的关系。

9. 简述教科书编写应遵循的基本原则与要求。(常考)

(1)科学性与思想性统一;

(2)强调内容的基础性与适用性;

(3)知识的内在逻辑与教学法要求的统一;

(4)理论与实践统一;

(5)教科书的编排形式要有利于学生的学习;

(6)注意与其他学科的纵向和横向联系。

10. 简述基础教育课程改革所倡导的教材观。

(1)新课程改革倡导教师"用教材教",而不是简单地"教教材"。教师完全可以而且应该根据学生的情况来处理教材。新教材承载着新的教学理念,是我们实践新课标的重要载体。

(2)教师要创造性地使用教材,融入自己的科学精神和智慧,对教材知识进行教学重组和整合,选取更好的内容对教材深加工,设计出活生生的、丰富多彩的课来,充分有效地将教材的知识激活。

(3)新课程倡导民主、开放、科学的课程理念,教师必须在课程改革中发挥主体作用。教师不再只是课程实施中的执行者,更应成为课程的建设者和开发者。教师要形成强烈的课程意识和参与意识,为教师发挥主体作用,灵活地使用教材提供广阔的天地。

11. 简述新一轮基础教育课程体系的设计构想(新课程结构的主要内容)。(常考)

(1)整体设置九年一贯的义务教育课程;

(2)高中以分科课程为主;

(3)从小学至高中设置综合实践活动课程并作为必修课程;

(4)农村中学课程要为当地社会经济发展服务。

专题十四 课程管理、课程设计与课程实施

1. 简述校本课程开发的理念。(常考)

(1)"学生为本"的课程理念(校本课程开发要基于学生的实际发展要求);

(2)"决策分享"的民主理念;

(3)校本课程开发的主体是教师而不是专家;

(4)"全员参与"的合作精神;

(5)校本课程开发的基础：善于利用现场课程资源；

(6)个性化是校本课程开发的价值追求；

(7)校本课程开发的性质：国家课程的补充；

(8)校本课程开发的运作：同一目标的追求。

2. 简述校本课程开发的途径。

(1)合作开发；(2)课题研究与实验；(3)规范原有的选修课、活动课和兴趣小组。

3. 请简述校本课程的开发需要经过哪些程序。

(1)建立组织；(2)现状分析；(3)制定目标；(4)课程编制；(5)课程实施；(6)课程评价与修订。

4. 泰勒的目标模式的四个基本问题是什么？(常考)

(1)学校应当追求哪些目标？

(2)怎样选择和形成学习经验？

(3)怎样有效地组织学习经验？

(4)如何确定这些目标正在得以实现？

5. 请简述“泰勒原理”的基本内容。

“泰勒原理”可概括为：目标、内容、方法、评价，即：确定课程目标、根据目标选择课程内容(经验)、根据目标组织课程内容(经验)、根据目标评价课程。泰勒原理的实质是以目标为中心的模式，因此又被称为“目标模式”。

6. 简述课程实施的运行结构。

(1)安排课程表;

(2)分析教学任务;

(3)研究学生的学习特点;

(4)选择并确定教学模式;

(5)规划教学单元和课;

(6)组织教学活动;

(7)评价教学活动的过程与结果。

7. 简述课程表的安排应遵循的原则。

(1)整体性原则;

(2)迁移性原则;

(3)生理适宜原则。

8. 影响课程实施的主要因素有哪些?(易混)

(1)课程计划本身的特点;

(2)学区的特征;

(3)学校的特征;

(4)校外环境。

9. 简述课程实施的三种取向。(易混)

(1)忠实取向。这种课程实施取向认为,设计好的课程是不能改变的,课程实施的过程应该是忠实地执行课程计划的过程。

(2)相互调适取向。这种课程实施取向认为,设计好的课程计划是可以变动的,课程实施过程是课程计划与班级或学校实际情境在课程目标、内容、方法、组织模式诸方面相互调整、改变与适应的过程。

（3）创生取向。这种课程实施取向认为，设计好的课程并不是固定不变的，课程实施的过程也是课程的设计过程。课程实施的过程是在具体教育情境中由师生共同创生新的教育经验的过程，原来设计好的课程只是这个“经验”创生过程中可供选择的材料之一。

专题十五　课程评价与课程资源

1. 简述目标评价模式的步骤或阶段。

目标评价模式是美国课程评价专家，也是有着“课程评价之父”美誉的泰勒，针对20世纪初形成并流行的常模参照测验的不足而提出的。这种模式以目标为中心展开。

该评价原理可概括为七个步骤或阶段：（1）确定教育计划的目标；（2）根据行为和内容来界定每一个目标；（3）确定使用目标的情境；（4）设计呈现情境的方式；（5）设计获取记录的方式；（6）确定评定时使用的计分单位；（7）设计获取代表性样本的手段。

2. 什么是CIPP评价模式？

CIPP模式是美国教育评价家斯塔弗尔比姆倡导的课程评价模式。他认为课程评价不应局限在评定目标达到的程度上，而应该是一种过程，旨在描述、取得及提供有用的资料，为判断各种课程计划、课程方案服务。该模式包括四个步骤：(1)背景评价；(2)输入评价；(3)过程评价；(4)成果评价。

CIPP课程评价模式考虑到了影响课程计划的种种因素，可以弥补其他评价模式的不足，相对来说比较全面，但由于它的操作过程比较复杂，因此，难以被一般人所掌握。

3. 简述课程评价的基本阶段。

(1)把焦点集中在所要研究的课程现象上；(2)收集信息；(3)组织材料；(4)分析材料；(5)报告结果。

4. 简述当前课程评价发展的基本特征。(常考)

(1)重视发展，淡化甄别与选拔，实现评价功能的转变；

(2)重综合评价，关注个体差异，实现评价指标的多元化；

(3)强调质性评价，定性与定量相结合，实现评价方法的多样化；

(4)强调参与与互动、自评与他评相结合，实现评价主体的多元化；

(5)注重过程，终结性评价与形成性评价相结合，实现评价重心的转移。

5. 课程资源的类型有哪些？(易混)

(1)根据课程资源的空间分布，课程资源可分为校内课程资源和校外课程资源；

(2)根据课程资源的功能特点，课程资源可分为素材性课程资源和条件性课程资源；

(3)根据课程资源的存在方式，课程资源可分为显性课程资源和隐性课程资源；

(4)根据课程资源的物理特性和呈现方式，课程资源可分为文字资源、实物资源、活动资源和信息化资源。

6. 简述开发与利用课程资源的基本原则。

(1)共享性原则；(2)经济性原则；(3)实效性原则；(4)因地制宜原则。

7. 教师应树立哪些新课程资源的理念？

(1)课程标准和教科书等是基本而特殊的课程资源；

(2)教师是最重要的课程资源；

(3)学生既是课程资源的消费者，又是课程资源的开发者；

(4)教学过程是师生运用课程资源共同建构知识和人生的过程。

8. 简述开发和利用课程资源的途径与方法。

(1)进行社会调查；

(2)审查学生活动，总结和反思教学经验；

(3)开发实施条件；

(4)研究学生情况；

(5)鉴别利用校外资源；

(6)建立资源数据库。

专题十六 教学概述

1. 简述教学的特点。

(1)教学以培养全面发展的人为根本目的;

(2)教学由教与学两方面组成,教学是师生双方的共同活动;

(3)学生的认识活动是教学中的重要组成部分;

(4)教学具有多种形态,是共性与多样性的统一。

2. 简述教学与智育的关系。(常考)

教学与智育两者既有联系又有区别。作为教育的一个组成部分的智育,即向学生传授系统的科学文化知识和发展学生的智力,主要是通过教学进行的,但不能把两者等同。教学是智育的主要途径,但不是唯一途径。

一方面,教学也是德育、美育、体育、劳动技术教育的途径;另一方面,智育也需要通过课外活动等才能全面实现。把教学等同于智育将阻碍教学作用的全面发挥。

3. 简述教学工作的意义。

(1)教学是传播系统知识、促进学生发展的最有效的形式,是社会经验的再生产、适应并促进社会发展的有力手段;

(2)教学是进行全面发展教育、实现培养目标的基本途径,为个人全面发展提供科学的基础和实践,是培养学生个性全面发展的重要环节；

（3）教学是学校教育的中心工作，学校教育工作必须坚持以教学为主（教学的地位）。

4. 为什么在学校教育工作中要坚持以教学为主？

（1）学校是专门培养人的机构，要使学生在德、智、体等方面都得到发展，就需要通过教学、课外校外活动、生产劳动等途径来实现。教学在学校教育工作中所占时间最多，涉及面最广，对学生的发展影响最全面深刻，对学校教育质量的影响也最大。所以，学校工作必须以教学为主。

（2）学校工作以教学为主，既是由教学本身的性质决定的，也是多年来教育工作经验的总结。但这并不意味着可以轻视甚至忽略其他工作，应当坚持“教学为主，全面安排”的原则。

5. 简述教学的一般任务。（常考）

（1）引导学生掌握科学文化基础知识和基本技能。

（2）发展学生智能，特别是培养学生的创新精神和实践能力。

（3）发展学生体能，提高学生身心健康水平。

（4）培养学生高尚的审美情趣和审美能力。

（5）培养学生具备良好的道德品质和个性心理特征，形成科学的世界观。

专题十七　教学过程

1. 为什么说教学过程是一种特殊的认识过程？（常考）

教学过程作为一种特殊的认识过程，其特殊性表现在以下几个方面：

（1）认识对象的间接性与概括性；

（2）认识方式的简捷性与高效性；

（3）教师的引导性、指导性与传授性（有领导的认识）；

（4）认识的交往性与实践性；

（5）认识的教育性与发展性。

2. 简述历史上对教学过程的各种理解。

教学过程的理论是教学的基本理论，历代中外教育家曾以不同观点从不同角度对教学过程做过种种探索，提出各自的见解：

（1）公元前6世纪，孔子把学习过程概括为“学—思—行”（也有说法认为是“学—思—习—行”）的统一过程；

（2）儒家思孟学派进一步提出“博学之，审问之，慎思之，明辨之，笃行之”（《礼记·中庸》）的学习过程；

（3）17世纪捷克教育家夸美纽斯主张把教学建立在感觉活动的基础之上；

（4）19世纪德国教育家赫尔巴特提出教学过程

由“明了、联合、系统、方法”四阶段构成(后发展为五个阶段),这一理论标志着教学过程理论的形成;

(5)19世纪末,美国实用主义教育家杜威认为,教学过程是学生直接经验的不断改造和增加的过程,是“从做中学”的过程;

(6)20世纪40年代,苏联教育家凯洛夫认为,教学过程是一种认识过程;

(7)20世纪50年代以来,学者们以强调师生交往、认知结构的构建、信息加工等不同观点来对这一过程进行解释。

当代国外教学过程理论主要有:加涅的信息加工理论、布鲁纳的结构教学理论、赞科夫的教学与发展理论、巴班斯基的教学过程最优化理论、斯金纳的程序教学论。

3. 简述教学过程的基本规律。(常考)

(1)间接经验与直接经验相结合(间接性规律);

(2)教师主导作用与学生主体作用相统一(双边性规律);

(3)掌握知识和发展智力相统一(发展性规律);

(4)传授知识与思想品德教育相统一(教育性规律)。

4. 影响教师主导作用发挥的条件有哪些?

(1)教师主导作用的实现有赖于教师自身的条件,即具备应有的知识和能力素质、品德及人格;

(2)教师主导作用的发挥还必须具备各种客观条件,如教师在教育过程中的地位是否得到应有的肯定,教师工作的条件是否得到基本的保证。

5. 如何使知识的掌握真正促进智力的发展?

(1)从传授知识的内容上看,传授给学生的知识应是规律性的知识;

(2)从传授知识的量来看,一定时间范围内所授知识的量要适当,不能过多;

(3)采用启发式教学;

(4)培养学生良好的个性,重视学生的个别差异,注重因材施教。

6. 什么是形式教育论?

形式教育论起源于古希腊,形成于 17 世纪,盛行于 18 ~ 19 世纪。其代表人物是英国的洛克和瑞士的裴斯泰洛齐。

形式教育论认为教学的主要任务在于通过开设希腊文、拉丁文、逻辑、文法和数学等学科发展学生的智力,至于学科内容的实用意义则是无关紧要的。

7. 什么是实质教育论?

实质教育论起源于古希腊和古罗马,形成于 18 世纪,兴盛于 19 世纪,20 世纪初衰落。其代表人物是德国的赫尔巴特和英国的斯宾塞。

实质教育论认为教学的主要任务在于传授给学生有用的知识,至于学生的智力则无需进行特别的培养和训练。

8. 请简述教学过程中的教育性规律。

教学过程中的教育性规律是指传授知识与思想品德教育相统一的规律。在教学过程中,学生掌握科学文化知识和提高思想品德修养水平是相辅相成的,具体体现在以下三点:(1)知识是思想品德形成的基础;(2)思想品德修养水平的提高为学生积极地学习知识提供动力;(3)贯彻传授知识与思想品德教育相统一的规律时,既不能脱离知识进行思想品德教育,也不能只强调传授知识,忽视思想品德教育,要注意把二者有机结合起来。

9. 简述教学过程的基本阶段。/简述教学过程的结构。(易错)

(1)激发学习动机。(2)领会知识。领会知识是教学过程的中心环节,领会知识包括使学生感知和理解教材。(3)巩固知识。(4)运用知识。(5)检查知识。

专题十八 教学组织形式与教学工作的基本环节

1. 简述班级授课制的概念及其基本特点。

(1)概念:班级授课制是把学生按年龄和文化程度分成固定人数的班级,教师根据课程计划和规定的时间表进行教学的一种组织形式。

(2)基本特点:①以班为单位集体授课,学生人数固定。

②按课教学。“课”是教学活动的基本单元,一般分为单一课和综合课。

③按时授课。把每一“课”规定在固定的单位时间内进行,这个单位时间称为“课时”,课与课之间有一定的间歇和休息。

2. 简述班级授课制的优缺点。(常考)

(1)优点:①有利于经济有效地大面积培养人才,提高教学效率;

②它以“课”为教学活动单元,能保证学习活动循序渐进,有利于学生获得系统的科学知识;

③有利于发挥教师的主导作用;

④有利于发挥学生集体的教育作用;

⑤有利于学生德、智、体多方面的发展;

⑥有利于进行教学管理和教学检查。

(2)缺点:①不利于学生主体性的发挥;

②不利于培养学生的探索精神、创造能力和实际操作能力;

③不能很好地适应教学内容和教学方法的多样化;

④不利于因材施教,难以满足学生个性化的学习需要;

⑤不利于学生之间真正的交流和启发;

⑥以“课”为基本的教学活动单位，某些情况下会割裂内容的整体性。

3. 简述实施个别教学的要求。

(1)发挥每个学生的潜力和积极因素，培养学生各自的优势，克服各自的缺点；

(2)既要针对个体，又要使个体不脱离于群体；

(3)要制定详细的个案分析，综合运用各种教育组织形式，灵活运用各种教学方法，做好各项工作。

4. 简述复式教学的概念及组织要求。

(1)概念：复式教学是把两个或两个以上不同年级的学生编在一个教室里，由一位教师分别用不同的教材，在一节课里对不同年级的学生进行教学的一种特殊组织形式。

(2)组织要求：①合理编班，要根据学生人数、教室大小、师资质量等情况全面考虑，灵活掌握；②编制复式班课表；③培养小助手；④建立良好的课堂常规。

5. 什么是分组教学？分组教学的优缺点有哪些？(常考)

(1)概念：分组教学是指在按年龄编班或取消按年龄编班的基础上，根据学生能力、成绩分组进行编班的教学组织形式。

(2)优点：①分组教学比班级上课更适应学生个人的水平和特点，便于因材施教，有利于人才的培养；

②便于学生的交流合作；

③有助于学生组织能力、管理能力、表达能力以及问题解决能力的培养；

④有利于学生在与小组成员的竞争与合作中，强化自己的学习动机。

(3)缺点：①分组教学较难科学鉴别学生的能力和水平；

②在对待分组教学上，学生家长和教师的意愿常常与学校要求相矛盾；

③分组后有可能产生一定的副作用，使快班学生产生骄傲情绪，慢班、普通班学生的学习积极性降低。

6. 简述分组教学的类型。

分组教学有外部分组和内部分组、能力分组和作业分组等。

外部分组，即取消按年龄编班，按学生的能力或某些测验成绩编班；

内部分组，即在按年龄编班的班级内，再根据学生的成绩将他们分成若干个不同的小组。

能力分组，是根据学生的能力发展水平来进行分组教学的，各组课程相同，学习年限则不同；

作业分组，是根据学生的特点和意愿来进行分组教学的，各组学习年限相同，课程则不同。

7. 什么是特朗普制？

特朗普制是美国教育家劳伊德·特朗普于 20 世纪 50 年代提出的一种教学组织形式。这种教学形式把大班教学、小班研究和个别教学三种教学形式结合起来。特朗普制具有班级授课制的优点,也有个别教学的长处,但管理起来比较麻烦。

8. 简述设计教学法的主张。

设计教学法是美国教育家杜威首创,后来由他的学生克伯屈加以改进并大力推广。它主张废除班级授课制和教科书,打破传统的学科界限,教师不直接向学生传授知识和技能,而是指导学生根据自己已有的知识和兴趣,自行组成以生活问题为中心的综合性学习单元。学生在自己设计、自己负责的单元活动中获得有关的知识和能力。

9. 简述贝尔—兰喀斯特制的内涵。

贝尔—兰喀斯特制,也称为导生制,是由英国人贝尔和兰喀斯特于 18 世纪末 19 世纪初创建的,这种教学组织形式仍以班级为基础,但教师不直接面向班级全体学生,教师先把教学内容教给年龄较大的学生,而后由他们中间的佼佼者——导生去教年幼的或成绩较差的其他学生。

10. 什么是翻转课堂?

所谓翻转课堂,就是在信息化环境中,课程教师提供以教学视频为主要形式的学习资源,学生在上课前完成对教学视频等学习资源的观看和学习,师生在课堂上一起完成作业答疑、协作探究和互动交流等活动的一种新型的教学模式。

在翻转的模式下，学生课前先自学基于教学目标和内容制作的教学微视频，完成进阶作业，课堂上，师生一起共同完成作业，解决疑难，创造探究的学习形式。翻转课堂的教学是一种先学后教的模式，是自主性、互动式、个性化的教学模式，有利于提升教学质量和学习质量。

11. 简述当前教学组织形式改革的重点。

(1)适当缩小班级规模，使教学单位趋向合理化；

(2)改进班级授课制，实现多种教学组织形式的综合运用；

(3)多样化的座位排列，加强课堂教学的交往互动；

(4)探索个别化教学。

12. 简述教学工作的基本环节。/学校教学工作包括哪几个基本程序？（常考）

(1)备课；(2)上课；(3)作业的布置与反馈；(4)课外辅导；(5)学业成绩的检查与评定。

13. 简述备课的要求。（常考）

(1)教师备课要做好三方面的工作，即钻研教材、了解学生、设计教法，也即备教材、备学生、备教法；

(2)写好三种计划，即学年(或学期)教学计划、课题(或单元)计划、课时计划(教案)。

14. 简述一节好课的标准。

(1)要使学生的注意力集中；

(2)要使学生的思维活跃;

(3)要使学生积极参与到课堂中来;

(4)要使个别学生得到照顾。

15.上好一堂课的基本要求有哪些?(常考)

(1)教学目标明确;(2)教学内容准确;(3)教学结构合理;(4)教学方法适当;(5)讲究教学艺术;(6)板书有序;(7)充分发挥学生的主体性。

16.作业的形式有哪些?

(1)阅读作业,如复习、预习教科书,阅读人文和科学读物;

(2)口头作业,如口头回答、朗读、复述、背诵;

(3)书面作业,如演算习题、作文、绘图;

(4)实践作业,如观察、实验、测量、社会调查等。

17.简述布置作业的要求。(常考)

(1)作业内容符合课程标准的要求;

(2)考虑不同学生的能力需求;

(3)分量适宜、难易适度;

(4)作业形式多样,具有多选性;

(5)要求明确,规定作业完成时间;

(6)作业反馈清晰、及时;

(7)作业要具有典型意义和举一反三的作用;

(8)作业应有助于启发学生的思维,含有鼓励学生独立探索并进行创造性思维的因素;

(9)尽量同现代生产和社会生活中的实际问题结

合起来，力求理论联系实际。

18. 简述课外辅导的内容。

(1)帮学生解答疑难问题，指导学生做好作业；

(2)为基础差和因事、因病缺课的学生补课；

(3)为成绩特别优异的学生做个别辅导；

(4)对学生进行学习方法上的辅导；

(5)对学生进行学习目的和学习态度的教育。

19. 简述学业成绩评定的基本要求。

(1)客观公正，必须严格遵循评定标准；

(2)方向明确，要向学生指出学习上的优缺点和努力的方向，这是评定学生学业成绩的主要目的；

(3)鼓励学生创新，在评定中，不仅要看答案，而且要看思路，要重视学生思维的创造性。

20. 简述学业成绩检查的方式。

检查学生学业成绩的方法是多种多样的。常用的检查方式有两大类：平时考查和考试。

平时考查的方式主要有口头提问、检查书面作业和单元测验等。

考试是对学生知识、技能等进行总结性检查时所采用的一种方式。它通常在学习告一段落后，为了系统地检查和衡量所学知识、技能等方面的情况，在期中、期末和毕业时进行。

21. 教师应积极探索基于情境、问题导向的互动式、启发式、探索式、体验式等课堂教学。简要说明课

堂教学中创设情境的重要性。

创设情境对课堂教学主要有以下几个重要意义:

(1)创设情境,有利于激发学生的学习兴趣;

(2)创设情境,有利于促进学生的主动学习;

(3)创设情境,有利于提高学生的语言运用能力;

(4)创设情境,有利于发展学生的思维能力。

专题十九　教学原则与教学方法

1. 目前我国中小学的教学原则主要有哪些?(常考)

(1)思想性(教育性)和科学性相统一的原则;(2)理论联系实际原则;(3)直观性原则;(4)启发性原则;(5)循序渐进原则;(6)巩固性原则;(7)因材施教原则;(8)量力性原则。

2. 简述思想性(教育性)和科学性相统一的教学原则的概念及其贯彻要求。

(1)概念:思想性(教育性)和科学性相统一的原则是指教学要以马克思主义为指导,授予学生科学知识,并结合知识教学对学生进行社会主义品德和正确人生观、科学世界观教育。

(2)贯彻要求:①教师要保证教学的科学性;

②教师要结合教学内容的特点进行思想品德教育;

③教师要通过教学活动的各个环节对学生进行

思想品德教育；

④教师要不断提高自己的业务能力和思想水平。

3. 贯彻理论联系实际原则的基本要求有哪些?

(1)重视书本知识的教学,在传授知识的过程中注重联系实际；

(2)重视引导和培养学生运用知识的能力；

(3)加强教学的实践性环节,逐步培养与形成学生综合运用知识的能力,进行"第三次学习"；

(4)正确处理知识教学与能力训练的关系；

(5)补充必要的乡土教材。

4. 简述教学的直观性原则的概念及基本要求。

(1)概念:直观性原则是指在教学活动中,教师应尽量利用学生的多种感官和已有的经验,通过各种形式的感知,使学生获得生动的表象,从而比较全面、深刻地掌握知识。

(2)基本要求:①正确选择直观教具和教学手段；

②将直观教具的演示与语言讲解结合起来；

③重视运用言语直观。

5. 简述教学的启发性原则的含义及其要求。(常考)

(1)含义:启发性原则是指在教学活动中,教师要调动学生的主动性和积极性,引导他们通过独立思考、积极探索,生动活泼地学习,自觉地掌握科学知识,

提高分析问题和解决问题的能力。

（2）贯彻要求：①加强学习的目的性教育，调动学生学习的主动性；

②设置问题情境，启发学生独立思考，培养学生良好的思维方法和思维能力；

③让学生动手，培养学生独立解决问题的能力，鼓励学生将知识创造性地运用于实际；

④发扬教学民主。

6. 简述贯彻循序渐进原则的要求。

（1）教师的教学要有系统性；

（2）抓主要矛盾，解决好重点与难点；

（3）教师要引导学生将知识体系化、系统化；

（4）按照学生的认识顺序，由浅入深、由易到难、由简到繁地进行教学。

7. 简述教学的巩固性原则的概念及其贯彻要求。

（1）概念：巩固性原则是指教师在教学中要引导学生在理解的基础上牢固地掌握基本知识和基本技能，而且在需要的时候，能够准确无误地呈现出来，以利于知识技能的利用。

（2）贯彻要求：①要在教学的全过程中加强知识的巩固；②组织好学生的复习工作，教会学生记忆的方法；③通过扩充、改组和运用知识的过程来巩固知识。

8. 简述贯彻因材施教原则的要求。（常考）

（1）要坚持课程计划和学科课程标准的统一

要求；

(2)教师要了解学生，从实际出发进行教学；

(3)教师要善于发现每个学生的兴趣、爱好，并创造条件，尽可能使每个学生的不同特长都得以发挥。

9. 简述教学的量力性原则的概念及基本要求。

(1)概念：量力性原则，也称可接受性原则，是指教学的内容、方法、分量和进度要适合学生的身心发展，使他们能够接受，但又要有一定的难度，需要他们经过努力才能掌握，以促进学生的身心发展。

(2)基本要求：①了解学生的发展水平，从实际出发进行教学。②考虑学生认识发展的时代特点。

10. 启发式教学的作用有哪些？

(1)能激发学生的学习动机；

(2)有助于学生的智力开发；

(3)有助于学生的个性发展；

(4)能有效地传递科学信息；

(5)是教学规律的正确反映。

11. 简述两种对立的教学方法指导思想。

依据指导思想的不同，各种教学方法可归并为两大类：注入式和启发式，这是两种根本对立的教学方法指导思想。

注入式是一种“填鸭式”的教学方法，是指教师从主观出发，把学生看成单纯接受知识的容器，向学生灌注知识，无视学生在学习上的主观能动性。在这种思想的指导下,教师在教学中仅仅起了一个现成信息的载负者和传递者的作用,而学生则仅仅起着记忆器的作用。

启发式则是指教师从学生实际出发,采取各种有效的形式去调动学生学习的积极性,指导他们自己去学习的方法。

衡量一种教学方法是否具有启发性,关键是看教师能否促进学生积极主动地去学习,而不是单从形式上去加以判断。

提倡启发式,反对注入式,是当代运用教学方法的指导思想。在教学中,要注意调动学生在学习过程中的主观能动性,激发学生强烈的学习动机,引导学生开展积极的思维活动,促进学生养成独立思考问题的习惯,从而为学生创造性思维品质的形成提供良好的条件。

12. 目前我国中小学常用的教学方法有哪些?(常考)

(1)以语言传递为主的教学方法,如:讲授法、谈话法、讨论法、读书指导法;

(2)以直观感知为主的教学方法,如:演示法、参观法;

(3)以实际训练为主的教学方法,如:练习法、实验法、实习作业法、实践活动法;

(4)以引导探究为主的方法,主要是发现法;

(5)以情感陶冶(体验)为主的教学方法,如:欣赏教学法、情境教学法。

13. 讲授法的形式有哪些?

观点一:一般认为,讲授法可分为讲述、讲解、讲读和讲演四种形式。

观点二:讲授法可分为讲述、讲读、讲解三种形式。

观点三:讲授法可分为讲述、讲解、讲读、讲演、讲评五种形式。

14. 简述讲授法的优缺点。(常考)

(1)优点:①有助于充分发挥教师的主导作用;②有助于在较短时间内使学生获得较多的间接知识;③有助于结合知识传授进行思想品德教育。

(2)缺点:①以教师活动为主,不易发挥学生的主动积极性;②讲授往往面向全体学生,不利于因材施教;③教学单向输入信息,运用不当,容易造成"注入式""填鸭式""满堂灌"的结果。

15. 简述运用讲授法的基本要求。(常考)

(1)讲授内容要有科学性、系统性和思想性,要认真组织;

(2)要讲究讲授的策略和方式,要系统完整、层次分明、重点突出,符合知识的系统性和启发性教学原则的要求;

(3)教师要努力提高语言表达水平,讲究语言艺术；

（4）要组织学生听讲；

（5）要与其他教学方法配合使用。

16. 简述谈话法的概念及其运用的基本要求。

（1）概念：谈话法也叫问答法，它是教师按一定的教学要求向学生提出问题让学生回答，通过问答、对话的形式来引导学生思考、探究、获取或巩固知识，促进学生智能发展的方法。

（2）基本要求：①要做好计划，教师要对谈话的中心、提问的内容做充分准备，并拟定谈话提纲；

②要善问，提出的问题要明确、具体、难易适宜，符合学生已有的知识程度、经验，还要有启发性，形式要多样化；

③要善于启发诱导，谈话时，教师要面向全体学生，给学生留有思考的余地，因势利导，让学生一步步地去获得新知；

④谈话结束后，应结合学生回答的情况进行归纳和小结，给出问题的正确答案，指出谈话过程中的优缺点。

17. 教师要组织好学生的讨论，需要注意哪些问题？（常考）

（1）讨论前，教师应提出有吸引力的讨论题目，并明确讨论的具体要求，指导学生收集有关资料；

（2）讨论时，教师要善于引导学生围绕中心，联系

实际,自由发表意见,并让每个学生都有发言机会;

(3)讨论结束后,教师要进行小结,并提出需要进一步思考的问题。

18.简述运用读书指导法的基本要求。

观点一:(1)提出明确的目的、要求和思考题;

(2)教给学生读书的方法;

(3)善于在读书中发现问题和解决问题;

(4)适当组织学生交流读书心得。

观点二:(1)教师要提出明确的目的、要求和思考题;

(2)教会学生使用工具书;

(3)帮助学生逐步学会阅读的方法;

(4)用多种方式指导学生阅读。

19.简述运用演示法的基本要求。

(1)明确演示目的,做好演示准备;

(2)演示必须精确可靠、操作规范;

(3)演示时要引导学生集中注意力,运用多种感官去感知,以发展学生的思考力和观察力;

(4)演示结束后,教师要引导学生分析观察结果以及各种变化之间的关系,通过分析、对比、归纳、综合得出正确结论。

20.简述参观法的概念及其分类。

(1)概念:参观法又称现场教学,是教师根据教学目的和要求,组织学生进行实地考察、研究,使学生获取新知识，巩固、验证旧知识的一种教学方法。

（2）分类：参观教学法可以分为准备性参观、并行性参观和总结性参观。

①准备性参观，是在学习某课题前，使学生为将要学习的新课题积累必要的感性经验，从而顺利获得新知识而进行的参观。

②并行性参观，是在学习某课题的过程中，为使学生把所学理论知识与实际紧密结合而进行的参观。

③总结性参观，是在完成某一课题之后，帮助学生验证、加深理解、巩固强化所学知识而进行的参观。

21. 简述运用参观法的基本要求。

（1）参观前，教师要根据教学目的和要求，做好准备工作；

（2）参观时，教师要引导学生收集资料，做好必要记录，也可以请有关人员进行讲解或指导；

（3）参观结束后，教师要组织学生及时进行小结。

22. 简述在教学中运用练习法的基本要求。

（1）教师要使学生明确练习目的和要求；

（2）练习的题目要注意学生基础知识的积累、巩固以及基本技能的提高；

（3）教师要教给学生正确的练习方法，并对学生的练习进行及时的检查和反馈；

（4）在练习过程中要注意培养学生自我检查的能力和习惯；

(5)练习方式要多样化。

23. 简述运用实习作业法的基本要求。

(1)实习作业法要在教师的指导下有目的、有计划、有组织地进行;

(2)实习中,教师要加强指导;

(3)实习结束后,教师要指导学生写出实习报告或体会,并进行评阅和评定。

24. 简述实施发现法的一般步骤。

(1)创设问题的情境,使学生在这种情境中产生矛盾,提出要解决或必须解决的问题;

(2)促使学生利用教师所提供的某些材料和所提出的问题,提出解答的假设;

(3)从理论上和实践上检验自己的假设;

(4)根据实验获得的一定材料或结果,在仔细评价的基础上引出结论。

25. 简述国内外教学方法的改革与发展。

(1)当前国内教学方法变革中具有代表性的有:

①上海特级教师倪谷音首先倡导的愉快教学法。

②江苏省特级教师李吉林首创的情境教学法。

③江苏常州特级教师邱学华首创的尝试教学法。教师采用“先练后讲”“先学后教”的方式,让学生先去尝试练习或操作,依靠自己的努力初步解决问题,最后教师根据学生练习中的难点,有针对性地进行讲解。

④以上海闸北八中校长刘京海为首的一批教改研究者首先提出的成功教学法。成功教学法的基本要素有三个：积极的期望、成功的机会和鼓励性评价。

(2)在国外，最有影响力和代表性的教学方法的改革有：

①美国心理学家布鲁纳倡导的发现法；

②依据美国教育学家布卢姆的"教育目标分类"和"掌握学习策略"所形成的目标教学法；

③美国著名教育心理学家斯金纳倡导的程序教学法；

④苏联教育家沙塔洛夫创造的"纲要信号图表"教学法；

⑤德国学者瓦·根舍因首创的范例教学法；

⑥保加利亚医学和心理学博士洛扎诺夫首创的暗示教学法(暗示教学法在外语教学方面，被公认为创造了奇迹)；

⑦美国人本主义心理学家罗杰斯提出的非指导性教学法。

26. 教师选择与运用教学方法的基本依据是什么？(常考)

(1)教学目的和任务的要求；(2)课程性质和特点；(3)每节课的重点、难点；(4)学生年龄特征；(5)教学时间、设备、条件；(6)教师业务水平、实际经验及个性特点。

此外,教学方法的选择与运用还受教学手段、教学环境等因素的制约。

27. 运用教学方法应遵循的原则有哪些?

(1)要发挥教学的整体功能;(2)必须坚持以启发式为指导思想;(3)要注意综合性和灵活性。

专题二十 教学评价与教学模式

1. 简述教学评价的含义

教学评价是指以教学目标为依据,通过一定的标准和手段,对教学活动及其结果给予价值上的判断,即对教学活动及其结果进行测量、分析和评定的过程。它以参与教学活动的教师、学生、教学目标、内容、方法、教学设备、场地和时间等因素的有机组合的过程和结果为评价对象,是对教学工作的整体功能所做的评价。

2. 教学评价的功能有哪些?

观点一:(1)诊断教学问题;(2)提供反馈信息;(3)调控教学方向;(4)检验教学效果。

观点二:(1)导向功能;(2)诊断功能;(3)激励功能;(4)教学功能;(5)管理功能。

3. 简述教学评价的原则。

(1)客观性原则;(2)发展性原则;(3)整体性原则;(4)指导性原则。

4. 简述教学评价的基本类型。

（1）根据教学评价的作用，可将教学评价分为诊断性评价、形成性评价和总结性评价。

（2）根据评价采用的标准，可将教学评价分为绝对性评价、相对性评价和个体内差异评价。

（3）按照评价主体，可将教学评价分为内部评价和外部评价。

5. 根据教学评价的作用，可将教学评价分为哪几个类型？

（1）诊断性评价。诊断性评价是在学期开始或一个单元教学开始时，为了了解学生的学习准备状况及影响学习的因素而进行的评价。

（2）形成性评价。形成性评价是在教学过程中为改进和完善教学活动而进行的对学生学习过程及结果的评价。

（3）总结性评价。总结性评价也称为终结性评价，是在一个大的学习阶段、一个学期或一门课程结束时对学生学习结果的评价。

6. 简述形成性评价和总结性评价的主要功能。（常考）

形成性评价的主要功能：（1）改进学生的学习；（2）为学生的学习定步；（3）强化学生的学习；（4）给教师提供反馈。

总结性评价的主要功能：（1）评定学生的学习成

绩;(2)证明学生掌握知识、技能的程度和能力水平以及达到教学目标的程度;(3)确定学生在后继教学活动中的学习起点;(4)预言学生在后继教学活动中成功的可能性;(5)为制定新的教学目标提供依据。

7. 简述现代教育评价的发展趋势。

(1)强调创设适合并促进学生发展的教育环境;

(2)由关注评价的总结性目的向关注评价的形成性目的发展;

(3)评价主体由一元向多元发展,评价对象由被动等待向主动参与发展;

(4)评价方法向综合、多层次、全方位方向发展。

8. 简述发展性评价的内涵。

(1)评价目的。评价的根本目的在于促进发展。

(2)评价功能。与课程功能的转变相适应,发展性评价体现本次基础教育课程改革的精神,有利于基础教育课程改革的顺利实施。

(3)评价观念。关注人的发展,强调评价的民主性和人性化的发展,重视被评价者的主体性与评价对个体发展的建构作用。

(4)评价内容。评价内容综合化;评价标准分层化。

(5)评价方式。评价方式多样化。

(6)评价主体。评价主体多元化。

(7)评价过程。关注评价过程,将形成性评价与终结性评价有机地结合起来，使学生、教师、学校和课程的发展成为评价的组成部分，而终结性的评价结果随着改进计划的确定亦成为下一次评价的起点，进入被评价者发展的进程之中。

9. 谈一谈你对探究式教学的理解。

探究式教学依据皮亚杰和布鲁纳的建构主义理论，以问题解决为中心，注重学生独立活动的开展，注重学生的前认知，注重体验式教学，有利于培养学生的探究和思维能力。

教学的基本程序：问题—假设—推理—验证—总结提高，即首先创设一定的问题情境，提出问题，然后组织学生对问题进行猜想和做假设性的解释，再设计实验进行验证，最后总结规律。

10. 简述范例教学模式的特点。

范例教学模式是由德国教育心理学家瓦·根舍因提出来的。范例教学模式具有如下特点：

（1）体现基本性，教学重视基本知识的学习；

（2）体现基础性，教学重视学生实际和可接受性，难度适宜；

（3）体现范例性，在学科知识中精选起示范作用的内容，便于学生学习时进行正向迁移；

（4）体现四个统一，即知识教学与德育的统一、问题教学与系统学习相统一、掌握知识与发展能力相统一、主体与客体的统一。

11. 简述情境—陶冶教学模式的内涵。

观点一：情境—陶冶教学模式是使学生处在创设的教学情境中，运用学生的无意识心理活动和情感，加强有意识的理性学习活动的教学模式。

观点二：情境—陶冶教学模式是从“人的认识是有意识心理活动和无意识心理活动的统一、理智活动和情感活动的统一”的观点出发，通过创设一种情感和认识相互促进的教学环境，引导学生在轻松愉快的教学氛围中有效地获取知识、陶冶情感的教学模式。

专题二十一 德育概述与德育过程

1. 德育具有哪些性质？

(1)德育具有社会性，是各个社会共有的社会、教育现象，与人类社会共始终；

(2)德育具有历史性，随社会发展变化而变化；

(3)阶级和民族存在的社会，德育具有阶级性和民族性；

(4)德育具有继承性，在其历史发展过程中，其原理、原则、内容和方法等存在一定的共同性。

2. 德育的意义有哪些？

(1)德育是社会主义现代化建设的重要条件和保证；

(2)德育是青少年、儿童健康成长的条件和保证；

(3)德育是实现我国教育目的的基础和保障。

3. 确立德育目标的依据是什么？（易混）

（1）青少年思想品德形成、发展的规律及心理特征；

（2）国家的教育方针和教育目的；

（3）民族文化及道德传统；

（4）时代与社会发展需要。

4. 什么是学校德育内容？

学校德育内容是教育者依据学校德育目标所选择的，形成受教育者品德的社会思想政治准则和道德规范的总和。

5. 选择德育内容的依据是什么？

（1）德育目标，它决定德育内容；

（2）受教育者的身心发展特征，它决定德育内容的深度和广度；

（3）德育所面对的时代特征和学生思想实际，它决定德育工作的针对性和有效性。

此外，选择德育内容还应考虑文化传统的作用。

6. 简述我国学校德育的内容。

观点一：根据 1988 年、1994 年和 1996 年中共中央颁布的有关决定，我国学校德育内容主要有政治教育、思想教育、道德教育和心理健康教育。

观点二：我国学校德育内容主要有政治教育、思想教育、道德教育、法制教育（也有人提出为法纪教育）和心理健康教育。

观点三:2017 年教育部印发的《中小学德育工作指南》中提出的德育内容包括:理想信念教育、社会主义核心价值观教育、中华优秀传统文化教育、生态文明教育、心理健康教育。

7. 简述德育过程的结构。

德育过程通常由教育者、受教育者、德育内容和德育方法四个相互制约的要素构成。

(1)教育者是德育过程的组织者、领导者,在德育过程中起主导作用。

(2)受教育者包括受教育者个体和群体,他们都是德育的对象。在德育过程中,受教育者既是德育的客体,又是德育的主体。

(3)德育内容是用以形成受教育者品德的社会思想政治准则和法纪道德规范,是教育者进行德育工作的重要依据,是受教育者学习、修养和内在化的客体,是教育者与受教育者双边活动的中介。

(4)德育方法是教育者施教传道和受教育者受教修养的相互作用的活动方式的总和。

8. 简述德育过程与品德形成过程的关系。

(1)德育过程与品德形成过程的联系。德育过程与思想品德形成过程是教育与发展的关系。德育过程的最终目标是使受教育者形成一定的思想品德。品德形成属于人的发展过程,德育过程是对品德的形成与发展过程的调节与控制。德育只有遵循人的品德形成发展规律，才能有效地促进人的品德形成与发展。

（2）德育过程与品德形成过程的区别。①从活动方式来看，德育过程主要是教育者与受教育者双边活动的过程，而品德形成过程是学生个体品德自我发展的过程；②从影响因素看，德育过程中学生主要接受有目的、有计划、有组织的教育影响，而品德形成过程中，学生受各种因素影响，有自觉的因素，也有自发的因素；③从形成的结果看，德育过程的结果是有意识地培养学生形成符合社会要求的思想品德，而品德形成过程的结果可能与社会要求相一致，也可能不一致。

9. 简述德育过程的基本规律。（常考）

（1）德育过程是对学生知、情、意、行的培养与提高过程；

（2）德育过程是一个促进学生思想内部矛盾斗争的发展过程，是教育与自我教育相结合的过程；

（3）德育过程是组织学生的活动和交往，统一多方面教育影响的过程；

（4）德育过程是一个长期的、反复的、逐步提高的过程。

10. 为什么说德育过程是一个长期的、反复的、逐步提高的过程？

（1）德育过程是一个长期的过程。一方面，随着人类社会的不断进步，德育要在内容、手段、方法等方面不断加以调整和补充；另一方面，知、情、意、行等心理因素的培养提高也需要长期的训练和积累，这就决定了德育过程必然是一个长期的、坚持不懈的过程。

(2)德育过程是一个反复的、逐步提高的过程。学生正处于成长期，世界观尚未形成，思想很不稳定，品德发展容易出现反复，这就要求教育者要正确认识和对待这种现象，持之以恒、耐心细致地教育学生，引导学生在反复中逐步前进。

11. 简述知、情、意、行之间的关系及其发展。

德育过程的一般顺序可以概括为：提高品德认识、陶冶品德情感、锻炼品德意志和培养品德行为习惯。

德育过程一般以知为开端，以行为终结。但由于社会生活的复杂性，德育影响的多样性等因素，在德育具体实施过程中，又具有多种开端，可根据学生品德发展的具体情况，或从导之以行开始，或从动之以情开始，或从锻炼品德意志开始，最后达到使学生品德在知、情、意、行几方面和谐发展的目的。

专题二十二 德育原则

1. 简述德育的基本原则。(常考)

观点一：(1)导向性原则；(2)疏导原则；(3)因材施教原则；(4)知行统一原则；(5)集体教育与个别教

育相结合的原则;(6)尊重信任学生与严格要求学生相结合的原则;(7)正面教育与纪律约束相结合的原则;(8)教育与自我教育相结合的原则;(9)教育的统一性与灵活性相结合的原则;(10)教育影响的一致性与连贯性原则。

观点二:(1)导向性原则;(2)疏导原则;(3)因材施教原则(从学生实际出发);(4)知行统一原则;(5)集体教育和个别教育相结合原则;(6)尊重信任学生与严格要求学生相结合的原则;(7)正面教育与纪律约束相结合的原则;(8)依靠积极因素,克服消极因素的原则(长善救失原则);(9)教育影响的一致性与连贯性原则。

记忆技巧:两导两因一知行、尊重集体要正面、另外还有一教育。

2. 贯彻疏导原则的要求有哪些?(常考)

(1)讲明道理,疏通思想;

(2)因势利导,循循善诱;

(3)以表扬、激励为主,坚持正面教育。

3. 德育过程中贯彻因材施教原则的要求有哪些?

(1)以发展的眼光客观、全面、深入地了解学生,正确认识和评价青少年学生的思想特点;

(2)根据不同年龄阶段学生的特点,选择不同的内容和方法进行教育,防止一般化、成人化、模式化;

(3)注意学生的个别差异,因材施教。

4. 贯彻知行统一原则的要求有哪些？

(1)加强理论教育，提高学生的思想道德认识；

(2)组织和引导学生参加社会实践，通过实践活动加深认识，增强情感体验，养成良好的行为习惯；

(3)对学生的评价和要求要坚持知行统一的原则；

(4)教育者要以身作则，严于律己，言行一致。

5. 简述贯彻集体教育和个别教育相结合原则的要求。(常考)

(1)建立健全的学生集体；

(2)开展丰富多彩的集体活动，充分发挥学生集体的教育作用；

(3)加强个别教育，并通过个别教育影响集体，增强集体的生机和活力。

6. 如何贯彻尊重信任学生与严格要求学生相结合的德育原则？

(1)教育者要有强烈的事业心、责任感以及尊重热爱学生的态度；

(2)教育者应根据教育目的和德育目标，对学生严格要求，认真管理；

(3)教育者要从学生的年龄特征和品德发展状况出发，提出适度的要求，并坚定不渝地贯彻到底。

7. 贯彻正面教育与纪律约束相结合原则的基本要求有哪些？(常考)

(1)坚持正面教育原则，以客观的事实、先进的榜样和表扬鼓励为主的方法教育和引导学生；

（2）坚持摆事实，讲道理，以理服人，启发自觉；

（3）建立健全学校规章制度和集体组织的公约、守则等，并且严格管理，认真执行。

8. 简述长善救失原则的概念及基本要求。

（1）概念：长善救失原则又称依靠积极因素，克服消极因素的原则，是指在德育工作中，教育者要善于依靠、发扬学生自身的积极因素，调动学生自我教育的积极性，克服消极因素，以达到长善救失的目的。

（2）基本要求：①教育者要用一分为二的观点，全面分析，客观地评价学生的优点和不足；②教育者要有意识地创造条件，将学生思想中的消极因素转化为积极因素；③教育者要提高学生自我认识、自我评价的能力，启发他们自觉思考，克服缺点，发扬优点。

9. 简述贯彻教育影响的一致性与连贯性原则的要求。

（1）充分发挥教师集体的作用，统一学校内部的多种教育力量，使之成为一个分工合作的优化群体；

（2）争取家长和社会的配合，主动协调好与家庭、社会教育的关系，逐步形成以学校为中心的“三位一体”的德育网络；

（3）保持德育工作的经常性和制度化，处理好衔接工作，保证对学生影响的连续性、系统性，使学生的思想品德得以循序渐进地持续发展。

专题二十三 德育的途径、方法与模式

1. 中小学德育工作的实施途径有哪些?

(1)思想品德课(思想政治课)与其他学科教学;(2)社会实践活动;(3)课外、校外活动;(4)共青团、少先队组织的活动;(5)校会、班会、周会、晨会、时事政策的学习;(6)班主任工作。

2. 试列举我国中小学常用的德育方法。(常考)

观点一:(1)说服教育法;(2)榜样示范法;(3)情感陶冶法;(4)实际锻炼法;(5)品德修养指导法;(6)品德评价法;(7)角色扮演法;(8)合作学习法。

观点二:(1)说服教育法;(2)榜样示范法;(3)陶冶教育法;(4)实际锻炼法;(5)自我修养指导法;(6)品德评价法。

3. 运用说服教育法的要求有哪些?(常考)

(1)明确目的性和针对性;

(2)富有知识性、趣味性;

(3)注意时机;

(4)以诚待人。

4. 在德育实践中应该如何运用榜样示范法?

(1)选好学习的榜样;

(2)激起学生对榜样的敬慕之情;

(3)狠抓落实,引导学生用榜样来调节行为,提高修养。

5. 简述运用实际锻炼法的要求。

(1)目的明确,计划周密,加强指导,坚持严格要求;

(2)生动活泼,灵活多样,调动学生的主动性;

(3)注意检查和持之以恒,随时总结。

6. 简述品德评价法的概念及其要求。

(1)概念:品德评价法是通过对学生品德进行肯定或否定的评价而予以激励或抑制,促使其品德健康形成和发展的德育方法。

(2)运用品德评价法的要求:①公平、正确、合情合理;②发扬民主,获得群众支持;③注重宣传与教育;④奖励为主,抑中带扬。

7. 简述选择德育方法的依据。(易混)

(1)德育目标;(2)德育内容;(3)学生的年龄特点和个性差异。

此外,选择德育方法还要考虑到所面对的时代特征、学生的思想实际、学校和教师的实际情况,以及文化传统的作用。

8. 简述当前我国中小学德育存在的问题。

(1)中小学教育中重智育、轻德育的现象依然存在,德育为先的办学思想未得到落实;

(2)德育目标脱离实际且杂乱无序;

(3)德育内容与学生的思想实际、生活实际和发展需要脱节;

(4)知与行分离,重视德育知识的灌输,轻视实践教育和道德行为的养成;

(5)形式主义和简单化盛行,缺乏吸引力和感染力。

9. 简述我国中小学德育改革的主要趋势。

(1)落实德育工作在素质教育中的首要位置;

(2)确立符合中小学生思想品德发展实际的德育目标;

(3)坚持贴近实际、贴近生活、贴近学生的德育方式,改进德育内容;

(4)积极改进中小学思想品德的教育方法和形式;

(5)坚持知和行统一,积极探索实践教学和学生参加社会实践、社区服务的有效机制,建立科学的学生思想道德行为综合考评制度;

(6)因地制宜地开展德育活动。

10. 简述德育工作的新形式。

(1)开展社区教育;

(2)开展心理健康教育活动;

(3)建立德育基地;

(4)创办业余党校。

11. 简述认知模式的特色。

(1)提出了以公正观发展为主线的德育发展阶段理论;

(2)建构了较为科学的道德发展观,提出了智力与道德判断力关系的一般观点;

(3)通过实验建立了崭新的学校德育模式。

12. 简述体谅模式的内涵与特色。

体谅或学会关心的道德教育模式形成于 20 世纪 70 年代,为英国学校德育学家彼得·麦克费尔和他的同事所创。体谅模式的特色:

(1)有助于教师较全面地认识学生在解决特定的人际—社会问题时的各种可能反应;

(2)有助于教师较全面地认识学生在解决特定的人际—社会问题时可能遭到的种种困难,以便更好地帮助学生学会关心;

(3)它提供了一系列可能的反应,教师能够根据它们指导学生围绕大家提出的行动方针进行讲座或角色扮演的主题活动。

13. 简述社会模仿模式的内涵与特色。

社会模仿模式主要由美国的班杜拉创立,该模式认为人与环境是一个互动体,人既能对刺激做出反应,也能主动地解释并作用于情境。社会模仿模式的特色:

(1)在吸收其他学派的基础上,发展了行为主义,使之对人的道德行为做出更合理的阐释,对德育工作有很大意义;

(2)在文化环境与人的道德发展相互作用方面有

重要的成果，系统论述了示范榜样对道德发展的内在作用机制以及影响道德行为的各种形式和途径；

(3)自我评价和自我效能的理论给学校德育研究开辟了新的领域，具体阐述培养学生自我评价能力，建立认知调节机制的基本过程，把环境的示范和个体的发展与认知调节机制的互动表达出来，从中可以看到学生是如何内化外部作用，从而逐渐发展起自我评价能力的；

(4)注重理论与实践相结合。

14. 什么是价值澄清模式？

价值澄清模式的代表人物是美国的拉斯、哈明、西蒙等人。这种模式着眼于价值观教育，试图帮助人们减少价值混乱并通过评价过程促进统一的价值观的形成。其目的是通过选择、赞扬和实践过程来增进赋予理智的价值选择。

专题二十四　班级与班级管理

1. 简述班级的社会化功能。

(1)传递社会价值观，指导生活目标；

(2)传授科学文化知识，形成社会生活的基本技能；

(3)教导社会生活规范，训练社会行为方式；

(4)提供角色学习条件，培养社会角色。

2. 简述班级管理的功能。（易混）

（1）有助于实现教学目标，提高学习效率——主要功能；

（2）有助于维持班级秩序，形成良好的班风——基本功能；

（3）有助于锻炼学生能力，学会自治自理——重要功能。

记忆技巧：主要抓教学、基本是秩序、重要在学生。

3. 简述班级组织建构的原则。

（1）有利于教育的原则（首要原则）；

（2）目标一致的原则；

（3）有利于身心发展的原则。

4. 简述班级教学管理的内容。

（1）明确教学管理的目标和任务；

（2）建立行之有效的班级教学秩序；

（3）建立班级管理指挥系统；

（4）指导学生学会学习。

5. 班级管理有哪几种模式？（常考）

（1）班级常规管理；

（2）班级平行管理；

（3）班级民主管理；

（4）班级目标管理。

6. 简述班级常规管理的作用。

(1)班级常规管理是建立良好班集体的基本要素;

(2)有利于建立一个健康、活泼、积极、有效的班集体;

(3)有利于营造良好的学习环境。

7. 什么是班级平行管理?

班级平行管理是指班主任既通过对集体的管理去间接影响个人,又通过对个人的直接管理去影响集体,从而把对集体和个人的管理结合起来的管理方式。

班级平行管理的理论源于马卡连柯的“平行影响”的教育思想。马卡连柯认为,教师要影响个别学生,首先要影响学生所在的班级,然后通过学生集体与教师一起去影响这个学生,这样就会产生巨大的教育力量。

8. 简述班级管理的原则。

观点一:(1)方向性原则;(2)全面管理原则;(3)自主参与原则;(4)教管结合原则;(5)全员激励原则;(6)平行管理原则。

观点二:(1)目标原则;(2)民主原则;(3)合力原则;(4)人本原则;(5)法治原则;(6)自治原则。

9. 简述实行班级民主管理的要求。

(1)组织全体学生参与班级全程管理,即在班级

管理的计划、实行、检查、总结的各个阶段,都让学生参与进来;

(2)建立班级民主管理制度,如干部轮换制度、定期评议制度、值日生制度、值周生制度、民主教育活动制度等。

10. 简述当前我国学校班级管理中存在的问题及解决策略。

(1)当前我国学校班级管理中存在的问题主要表现为:①班主任的班级管理方式偏重于专断型;②班级管理制度缺乏活力,学生参与班级管理的程度较低。

(2)解决策略:建立以学生为本的班级管理机制。具体包括:①以满足学生的发展为目的;②确立学生在班级中的主体地位;③有目的地训练学生自我管理班级的能力。

专题二十五 班集体的培养与班主任工作

1. 简述班集体的基本特征。(常考)

(1)明确的共同目标。这是班集体形成的基础。

(2)一定的组织结构,有力的领导集体。

(3)共同生活的准则,健全的规章制度。

(4)具有正确的集体舆论以及团结、和谐、向上的人际关系。

2. 简述班集体的教育作用。

(1)有利于形成学生的群体意识;

（2）有利于培养学生的社会交往能力与适应能力；

（3）有利于训练学生的自我教育能力。

3. 班主任应如何组织和培养班集体？/简述班集体的形成与培养过程。（常考）

（1）确定班集体的发展目标；

（2）建立得力的班集体核心；

（3）建立班集体的正常秩序；

（4）组织形式多样的教育活动；

（5）培养正确的舆论和良好的班风。

记忆技巧：定目标、建核心、建秩序、搞活动、树班风。

4. 简述班主任在班级管理中的地位和作用。

（1）班主任是班级建设的设计者；

（2）班主任是班级组织的领导者；

（3）班主任是协调班级人际关系的主导者（艺术家）。

5. 简述班主任的职责与任务。

《中小学班主任工作规定》第三章中规定了班主任的职责与任务。具体内容如下：

（1）全面了解班级内每一个学生，深入分析学生思想、心理、学习、生活状况。关心爱护全体学生，平等对待每一个学生，尊重学生人格。采取多种方式与学生沟通，有针对性地进行思想道德教育，促进学生德智体美全面发展。

(2)认真做好班级的日常管理工作,维护班级良好秩序,培养学生的规则意识、责任意识和集体荣誉感,营造民主和谐、团结互助、健康向上的集体氛围。指导班委会和团队工作。

(3)组织、指导开展班会、团队会(日)、文体娱乐、社会实践、春(秋)游等形式多样的班级活动,注重调动学生的积极性和主动性,并做好安全防护工作。

(4)组织做好学生的综合素质评价工作,指导学生认真记载成长记录,实事求是地评定学生操行,向学校提出奖惩建议。

(5)经常与任课教师和其他教职员工沟通,主动与学生家长、学生所在社区联系,努力形成教育合力。

6. 简述在班级管理中,专制型、放任型、民主型三种类型的班主任领导方式对学生的影响。(易混)

(1)专制型的领导方式属于支配性指导,无视学生的个别差异,以僵硬的对策为基础,只给予统一强制的指导,或一味的斥责、威胁。在强制性指令的指导下,学生的自主性、能动性行为显著减少,消极性、依存性行为增多。

(2)放任型的领导方式属于不干预性指导,容忍班级生活的种种冲突,更无意组织班级活动,回避学生的主动精神。学生在无指导的班级生活中,有目的的活动水平低下,违背团体原则的自发行为增多。

(3)民主型的领导方式属于综合性的指导，能够灵活地适应学生的个别差异，以此为基础引出学生的自发行为，促进班级同学在合作中进行思想交流。学生在民主型领导方式的指导下，行为较稳定，自主积极的行为较多。

7. 简述班主任建设和管理班级组织的策略。

(1)创造性地规划班级发展目标；

(2)合理地确定学生在班级中的角色位置；

(3)协调好班内外各种关系；

(4)建构“开放、多维、有序”的班级活动体系；

(5)营造健康向上、丰富活跃的班级文化环境。

8. 简述班主任工作的主要内容。(常考)

(1)了解和研究学生；

(2)有效地组织和培养优秀班集体；

(3)协调校内外各种教育力量；

(4)学习指导、学习活动管理和生活指导、生活管理；

(5)组织课外、校外活动和指导课余生活；

(6)建立学生档案；

(7)操行评定；

(8)班主任工作计划与总结；

(9)个别教育工作；

(10)班会活动的组织；

(11)偶发事件的处理。

记忆技巧：了解组织多协调，指导课外建档案，操行评定需总结，个别班会偶处理。

9. 简述班主任了解学生的方法。（常考）

（1）观察法，即在自然条件下，有目的、有计划地对学生的各种行为表现进行观察。这是班主任了解、研究学生的最基本方法。

（2）谈话法，指班主任通过与学生面对面谈话来深入了解学生情况的方法。

（3）调查法，即通过对学生本人或知情者的调查访问，从侧面间接地了解学生，包括问卷、座谈等。

（4）书面材料分析法，即借助学生的成绩表、作业、日记等书面材料对学生进行了解的方法。

10. 简述班主任进行操行评定的意义。

（1）有利于帮助学生正确认识自己；

（2）有利于学生家长了解子女的综合表现；

（3）有利于科任教师了解学生。

11. 操行评定的一般步骤有哪些？（常考）

（1）学生自评；（2）小组评议；（3）班主任评价；（4）信息反馈。

12. 班主任做好操行评定应注意的问题有哪些？

（1）要实事求是，抓主要问题，评定要准确反映学生思想品德的全面表现和发展趋向；

（2）要充分肯定学生的进步，并适当指出他们的不足；

(3)评语要简明、具体、贴切,严防用词不当伤害学生的情感。

13. 简述做好个别学生教育工作的一般要求。(常考)

(1)摸清情况,分析原因,区别对待;

(2)热爱和尊重学生,促其转化;

(3)发现"闪光点",及时表扬,逐步提高;

(4)自我剖析,制定措施,接受监督;

(5)常抓不懈,持之以恒。

14. 班主任应如何对中等生进行教育?(常考)

概念:中等生,也叫"一般生"或"中间生",是指那些在班级中各方面都表现平平的学生。中等生一般具有如下特点:(1)信心不足;(2)表现欲不强。

对于中等生的教育,班主任应注意:(1)要重视中等生的教育,既要抓两头,也要抓中间,努力使中间因素向积极的方面转化,实现班级工作的良性循环;(2)根据中等生的不同特点有的放矢地进行个别教育。

15. 班主任应如何做好后进生的转化工作?(常考)

概念:后进生通常指那些学习积极性不高、学习成绩暂时落后、不太守纪律的学生。

后进生一般具有如下心理特征:(1)不适度的自尊心;(2)学习动机不强;(3)意志力薄弱。

对于后进生的教育,班主任应注意:(1)关心爱护后进生,尊重他们的人格;(2)培养和激发他们的学习动机。

16. 简述班主任处理偶发事件的办法。

(1)沉着冷静面对;(2)机智果断应对;(3)公平民主处理;(4)善于总结引导。

17. 简述偶发事件处理的原则。

(1)教育性原则;(2)客观性原则;(3)有效性原则;(4)可接受性原则;(5)冷处理原则。

专题二十六 课外、校外教育与三结合教育

1. 简述课外、校外教育与课堂教学的关系。(常考)

课外、校外教育与课堂教学既有联系,又有区别。

(1)从两者的联系看,它们的目的是一致的,都是为了实现全面发展的教育目的,完成学校的教育任务;两者都是在学校的统一领导下有计划、有组织地进行的。此外,两者在教育过程中是互相配合的。

(2)课外、校外教育又区别于课堂教学,有着不可替代的教育作用。课外、校外教育是在课堂教学活动之外,对学生进行多方面教育的有效形式,也是对课堂教学活动局限性的弥补手段。它对课堂学习有一定的促进作用,但又不仅局限于课堂教学的内容和教学大纲的范围。课外、校外教育不是课堂教学活动的延伸,不是为完成作业而开辟的领域,它主要是通过活动的形式促进学生的全面发展。

2. 简述课外、校外教育的主要内容。

(1)思想品德教育活动;(2)学科活动;(3)科技活动;(4)文学艺术活动;(5)体育活动;(6)社会活动;(7)传统的节假日活动;(8)课外阅读活动。

3. 简述课外、校外教育的意义。

(1)课外、校外教育有利于学生开阔眼界,获得知识;

(2)课外、校外教育有利于发展学生智力,培养学生的各种能力;

(3)课外、校外教育是进行德育的重要途径;

(4)课外、校外教育是因材施教,发展学生个性特长的广阔天地。

4. 简述课外、校外教育的组织形式。(易混)

(1)群众性活动。群众性活动是一种面向多数或全体学生的带有普及性质的活动。群众性活动的具体活动方式有:①集会活动;②竞赛活动;③参观、访问、游览和调查;④文体活动;⑤墙报和黑板报;⑥社会公益劳动。

(2)小组活动。小组活动是课外、校外教育活动的主要组织形式。小组活动以自愿组合为主,根据学生的兴趣爱好和学校的具体条件,进行有目的、有计划的经常性活动。小组活动的特点是自愿组合、小型分散、灵活机动。

(3)个别活动。个别活动是指学生在教师指导下，在课外、校外单独进行的活动。它往往与小组或群众性活动相结合，由小组或集体分配任务，根据个人的兴趣和才能单独进行。个别活动能充分发展学生自己的兴趣爱好，丰富和充实学生的精神生活，培养学生独立完成作业的能力。

5. 简述课外、校外教育的主要特点。

(1)自愿性；(2)自主性；(3)灵活性；(4)实践性；(5)广泛性。

6. 简述课外、校外教育的主要要求。

(1)要有明确的目的性、计划性；

(2)活动内容要丰富多彩，形式要多样化，要富有吸引力；

(3)注意发挥学生集体和个人的主动性、独立性和创造性，并与教师指导相结合；

(4)要考虑学生的兴趣爱好和特长，符合学生的年龄特征；

(5)课堂教学与课外活动互相配合、互相促进；

(6)因地、因校制宜。

7. 简述家庭教育的特点。(常考)

(1)先导性；(2)感染性；(3)权威性；(4)针对性；(5)终身性；(6)个别性。

记忆技巧：感染忠(终)犬(权)病，先别打针。

8. 简述家庭教育的基本要求。

(1)环境和谐——创造和谐的家庭环境；

(2)方法科学——家长教育子女需要科学的态度和方法；

(3)以身作则——树立良好的榜样；

(4)爱严相济——家长要把对孩子的关心爱护与严格要求紧密结合；

(5)要求一致——家长对孩子的要求应统一，前后一贯；

(6)全面关心——要对孩子的物质生活与精神生活、身体健康与心理健康、智力开发与非智力因素培养等多方面给予全面关心，把孩子培养成全面发展的合格公民。

9. 目前中国家庭教育存在哪些问题？

(1)家长不能把孩子摆在恰当的位置。

(2)家长对子女的期望过高。

(3)不能全面关心独生子女的成长。主要体现在：①重视孩子的营养，忽视孩子的身体锻炼；

②重视孩子的物质生活，忽视孩子的精神生活；

③重视孩子的智力开发、文化学习，忽视孩子的思想品德、个性心理品质的培养；

④过分照顾孩子，忽视培养孩子的自立意识、自立能力，特别是抗挫折的心理承受能力。

10. 简述社会教育影响儿童和青少年的身心发展的途径和形式。

(1)社区对学生的影响；

(2)各种校外机构的影响;

(3)报刊、广播、电影、电视、戏剧等大众传播媒介的影响。

11. 为什么说学校教育占主导地位?

(1)学校作为专职教育机构,有着明确的目的、周密的计划、科学的组织,有经验丰富、掌握青少年学生身心发展规律的专门教育工作者。

(2)学校具有青少年学生集中、学习环境好、规章制度健全、育人周期长等明显的教育优势,并在社会上具有广泛的凝聚力、号召力,容易得到包括党政机关在内的社会各界的支持协助。

12. 简述如何加强学校与社会教育机构之间的联系。

(1)建立学校、家庭、社会三结合的校外教育组织;

(2)学校与校外教育机构建立经常性的联系;

(3)采取走出去、请进来的方法与社会各界保持密切联系。

13. 学校与家庭的有效合作能促进学生健康成长,请列举家校合作的方式。/如何加强学校与家庭之间的相互联系?(常考)

学校可以通过与家庭相互访问、建立通讯联系、定时举行家长会、组织家长委员会、举办家长学校等途径加强与家庭之间的联系。

第三部分　心理学

专题一　心理学概述

1. 简述心理学的研究对象。

心理学是研究心理现象及其发生发展规律的科学,心理现象又称心理活动。

心理学既研究动物的心理,也研究人的心理,而以人的心理现象为主要研究对象。

除此之外,心理学还研究个体行为、社会心理、个体意识与个体无意识。

2. 简述心理现象的结构。

心理现象从形式上可以归纳为心理过程和个性心理两个方面。

(1)心理过程是心理活动的一种动态过程,是人脑对客观现实的反映过程。它包括认知过程、情绪情感过程和意志过程三个方面。

(2)个性心理是指表现在一个人身上比较稳定的心理特性的综合,是一个人总的精神面貌,反映了人与人之间稳定的差异特征。个性心理的差异主要表现在个性心理倾向性和个性心理特征两个方面。

3. 简述心理过程和个性心理的关系。

(1)个性心理是在心理过程中形成的,如果没有对主观和客观世界的认识,没有情绪情感的体验,没有积极地与困难做斗争的意志活动，心理的个性差异就无从形成和表现；

(2)已经形成的个性心理倾向性和个性心理特征又制约着心理过程的进行。

4. 简述第一信号系统和第二信号系统的区别。(易混)

根据条件刺激的特点，巴甫洛夫把大脑皮层的功能分为第一信号系统活动和第二信号系统活动。

用具体事物作为条件刺激而建立的条件反射系统叫作第一信号系统，如“望梅生津”，是人和动物共有的。

用语词作为条件刺激而建立的条件反射系统叫作第二信号系统，如成语“谈虎色变”。第二信号系统是人类特有的，是人类和动物的条件反射活动的根本区别。

5. 简述构造主义心理学的代表人物及其主要观点。

(1)代表人物：冯特、铁钦纳。

(2)主要观点：

①主张心理学研究人们的直接经验即意识，并把人的经验分为感觉、意象和激情状态三种元素；

②主张采用实验内省法。

6. 简述机能主义心理学的代表人物及观点。

(1)代表人物：詹姆士、杜威和安吉尔。

(2)主要观点:

①主张研究意识,但是他们不把意识看成是个别心理元素的集合,而是看成一种持续不断、川流不息的过程,提出了"意识流";

②强调对意识作用与功能的研究,不赞成构造主义对心理结构进行分析。

7. 简述行为主义心理学的代表人物及观点。

(1)代表人物:华生。

(2)主要观点:

①反对意识,主张研究行为;

②反对内省,主张采用实验方法。

8. 简述格式塔心理学的代表人物及观点。

(1)代表人物:韦特海默、苛勒和考夫卡。

(2)主要观点:反对把意识分析为元素,而强调心理作为一个整体、一种组织的意义,认为:

①整体不能还原为各个部分、各种元素的总和;

②部分相加不等于整体;

③整体先于部分而存在,并且制约着部分的性质和意义;

④整体大于部分之和。

9. 简述人本主义心理学的代表人物及观点。

(1)代表人物:马斯洛、罗杰斯。

(2)主要观点:着重于人格方面的研究,认为:

①人的本质是善良的;

②人有自由意志，有自我实现的需要。

专题二　感觉与知觉

1. 简述感觉与知觉的区别与联系。

(1)区别

①感觉反映事物的个别属性；知觉反映事物的整体属性。

②感觉仅依赖于个别感觉器官的活动；知觉依赖于多种感觉器官的联合活动。

③感觉受感觉系统的生理因素影响；知觉受感觉系统的生理因素、人的过去经验、心理特点的制约。

④知觉与词联系在一起。

(2)联系

①二者都是刺激物直接作用于感觉器官而产生的，都是我们对现实的感性反映形式；

②二者都是人类认识世界的初级形式，反映的都是事物的外部特征和外部联系。

2. 简述似动知觉的主要形式。(常考)

(1)动景运动。当两个刺激(如光点、直线、图形等)按一定空间间隔和时距相继呈现时，我们就会看到从一个刺激物向另一个刺激物的连续运动，这就是动景运动。

(2)诱导运动。由于一个物体的运动使其相邻的静止的物体产生运动的现象叫作诱导运动。

(3)自主运动。人在黑暗背景中注视一个微弱的、静止的光点,片刻后感觉到光点在运动的现象叫作自主运动。

(4)运动后效。在注视向一个方向运动的物体之后,如果将注视点转向静止的物体,那么会看到静止的物体似乎向相反的方向运动,这就是运动后效。

3. 什么叫社会知觉? 常见的社会知觉偏差有哪些?

(1)社会知觉是个体在生活实践中,对别人、对群体以及对自己的知觉,也叫社会认知。

它包括对别人的知觉、自我知觉和人际知觉三部分。

(2)社会知觉常出现的几种偏差有:

①社会刻板效应:指对一群人的特征或动机加以概括,把概括得出的群体的特征归属于团体中的每一个人,认为他们每个人都具有这种特征,而无视团体成员中的个体差异。

②晕轮效应(光环效应):当我们认为某人具有某种特征时,就会对他的其他特征做相似判断。

③首因效应(最初效应):指在总体印象形成上最初获得的信息比后来获得的信息影响更大的现象。

④近因效应(最近效应):指在总体印象形成上,新近获得的信息比原来获得的信息影响更大的现象。

⑤投射效应:指与人交往时把自己具有的某些不讨人喜欢、不为人接受的观念、性格、态度或欲望转移到别人身上,认为别人也是如此,以掩盖自己不受人

欢迎的特征。

4. 简述感受性与感觉阈限的关系。（易混）

感受性的高低是用感觉阈限的大小来度量的。

感受性与感觉阈限在数值上成反比关系，感受性高，则感觉阈限低；感受性低，则感觉阈限高。

5. 简述知觉的特征。/简述知觉的规律或基本特性。

（1）知觉的选择性；

（2）知觉的理解性；

（3）知觉的整体性；

（4）知觉的恒常性。

6. 简述影响知觉的选择性的因素。

（1）客观方面

①刺激物的绝对强度；

②对象和背景的差别性，也即差异律；

③对象的活动性，也即活动律；

④刺激物的新颖性、奇特性，也容易引起学生优先知觉；

⑤组合律，即知觉对图形的组织原则。

（2）主观方面

①知觉有无目的和任务；

②个体已有知识经验的丰富程度；

③个人的需要、动机、兴趣、爱好、定势与情绪状态等。

7. 简述影响知觉的整体性的因素。

(1)知觉对象的特点,如接近、相似、闭合、连续等因素;

(2)对象各组成部分的强度关系;

(3)知觉对象各部分之间的结构关系也影响知觉的整体性;

(4)知觉的整体性主要依赖于知觉者本身的主观状态,其中最主要的是知识与经验。

8. 知觉恒常性包括哪些?

知觉恒常性包括颜色恒常性、亮度恒常性、形状恒常性、大小恒常性和声音恒常性。

9. 简述观察的品质。

(1)观察的目的性;

(2)观察的精确性;

(3)观察的全面性;

(4)观察的深刻性。

记忆技巧: 目精面刻。

10. 简述小学生观察力的发展特点。

(1)观察的目的性较差;

(2)观察缺乏精确性;

(3)观察缺乏顺序性;

(4)观察缺乏深刻性。

11. 简述中学生观察力的发展特点。

(1)具有明确的目的性;

(2)持久性明显发展；

(3)精确性提高；

(4)概括性增强。

12. 简述培养学生观察能力的基本要求。/如何培养学生的观察力？（常考）

(1)引导学生明确观察的目的与任务，是良好观察的重要条件；

(2)充分的准备、周密的计划、提出观察的具体方法，是引导学生完成观察的重要条件；

(3)在实际观察中应加强对学生的个别指导，有针对性地培养学生良好的观察习惯；

(4)引导学生学会记录整理观察结果，在分析研究的基础上，写出观察报告、日记或作文；

(5)引导学生开展讨论、交流并汇报观察成果，不断提高学生的观察能力，培养良好的观察品质。

此外，教师还应努力培养学生的观察兴趣与优良的性格特征，如学习的坚韧性、独立性等。

记忆技巧：明确目的与任务，做好准备与计划，个别指导要跟上，引导记录与汇报。

专题三　记　忆

1. 简述记忆的品质。

(1)记忆的敏捷性；

(2)记忆的持久性；

(3)记忆的准确性；

(4)记忆的准备性。

记忆技巧：准备劫(捷)持。

2. 如何培养学生良好的记忆品质？

(1)提高记忆的敏捷性应注意：

①要明确识记的目的；

②要集中注意力。

(2)加强记忆的持久性应注意：

①要善于把识记的材料纳入已有的知识体系中；

②进行及时和经常性的复习。

(3)培养记忆的准确性应注意：

①必须进行认真的识记，在大脑皮层上建立精确的暂时神经联系；

②在复习时要把相似的材料经常加以比较，防止混淆；

③要把正确识记的事物同仿佛记住的东西区别开，把所见所闻的真实材料与主观的增补、臆测区别开来。

(4)培养记忆的准备性，关键是要使掌握的知识系统化，这样才能做到有条不紊地从记忆仓库中，随时迅速地提取所需要的材料。

3. 青少年的记忆特点有哪些？

(1)记忆的整体水平处于人生的最佳时期；

(2)有意识记日益占主导地位；

(3)意义识记明显占优势；

(4)抽象材料的记忆水平显著提高；

(5)记忆训练能获得更佳效果；

(6)元记忆水平随年龄增长显著提高。

4. 简述记忆的过程。

记忆过程包括识记、保持、再现(再认或回忆)三个环节。

从信息加工的角度来看，记忆过程是对输入信息的编码、储存和提取的过程。

5. 简述机械识记的必要性。

机械识记时可能有两种情况：

(1)识记者面对的就是本身没有意义或者没有内在联系的材料。这种识记具有被动性，但对学生而言也是必要的，因为它能够防止对记忆材料的歪曲。

(2)面对的材料虽然可能有意义，但识记者对其缺乏应有的理解，只能先机械识记，随着知识经验的积累再逐步加以理解。

6. 简述影响识记效果的因素。/简述识记的规律。

(1)识记的目的与任务；

(2)识记的态度和情绪状态；

(3)活动任务的性质；

(4)材料的数量和性质；

(5)识记的方法。

7. 简述遗忘的规律与特点。（常考）

艾宾浩斯遗忘曲线表明：遗忘是有规律的，即遗忘的进程是不均衡的，其趋势是先快后慢、先多后少，呈负加速，且到一定的程度几乎就不再遗忘了。

继艾宾浩斯之后的许多研究进一步揭示了有关遗忘过程的规律。例如：(1)有意义材料比无意义材料遗忘得慢；(2)数量多的材料遗忘较快；(3)两种相似的材料，前后间隔时间短，则容易相互干扰而造成遗忘；(4)学习程度不够的材料容易遗忘等。

8. 简述影响遗忘进程的因素。（常考）

(1)学习材料的性质；

(2)系列位置效应；

(3)识记材料的数量和学习程度；

(4)记忆任务的长久性与重要性；

(5)识记的方法；

(6)时间因素；

(7)情绪和动机。

9. 遗忘的原因有哪些？

(1)消退说。

消退说认为，遗忘是记忆痕迹得不到强化而逐渐衰弱，以致最后消退的结果。

(2)干扰说。

干扰说认为，遗忘是因为在学习和回忆之间受到其他刺激的干扰。一旦干扰被排除，记忆就能恢复，而记忆痕迹并未消退。

(3)压抑说(动机说)。

压抑说认为,遗忘是由于情绪或动机的压抑作用引起的,如果压抑被解除,记忆就能恢复。

(4)提取失败说。

我们都有这样的经验:不能回忆起某件事,但又知道这件事是知道的。这种明明知道某件事,但就是不能回忆出来的现象称为“舌尖现象”或“话到嘴边现象”。

(5)同化说(认知结构说)。

奥苏贝尔认为,遗忘是知识的组织和认知结构简化的过程。

10. 简述回忆的种类。

(1)根据是否有预定的目的、任务和意志努力的程度,可将回忆分为有意回忆和无意回忆。

无意回忆是指没有预定目的,也不需要任何意志努力的回忆;

有意回忆是指有回忆任务、并做出一定的意志努力、自觉追忆以往经验的回忆。

(2)根据回忆时的条件和方式的不同,可将回忆分为直接回忆和间接回忆。

直接回忆是指由当前事物直接唤起旧经验的重现;

间接回忆是通过一系列中间环节或中介性的联想才能达到要回忆的旧经验。

11. 如何依据记忆规律合理安排和组织教学？/如何利用识记规律提高课堂教学的效果？

观点一：(1)合理安排教学。

①学校在排课时应尽可能地避免把性质相近的课程排在一起；

②教师要保证学生的课间休息；

③教师应控制每堂课的信息投入量。

(2)向学生提出具体的识记任务。

(3)使学生处于良好的情绪和注意状态。

(4)充分利用无意识记的规律组织教学。

(5)使学生理解所学内容并把它系统化。

(6)培养学生良好的记忆品质，提高其记忆能力。

观点二：(1)让学生明确识记的目的和任务；

(2)充分利用无意识记的规律组织教学；

(3)使学生理解所识记的内容并把它系统化；

(4)充分利用生动、具体的形象和表象进行教学。

12. 简述教师应该如何组织学生的复习。/简述防止遗忘的方法。/避免遗忘的措施有哪些？(常考)

(1)复习时机要得当。①及时复习；②合理分配复习时间；③间隔复习；④循环复习。

(2)复习方法要合理。①分散复习与集中复习相结合；②复习方法多样化；③运用多种感官参与复习；④尝试回忆与反复识记相结合。

(3)复习次数要适宜。

(4)重视对记忆品质的培养。

(5)注意用脑卫生。

记忆技巧：时次方质卫。

13. 简述中学生记忆的发展特点。

(1)中学生记忆发展的总体趋势是随着年龄的增长记忆力不断提高，到16岁趋于成熟，高中生处于记忆发展的“黄金”时代；

(2)同一年龄的中学生，受所记材料性质的影响，记忆效果不一样；

(3)中学生短时记忆广度随着年级的增长而不断增大；

(4)随着年龄的增长，中学生的有意记忆和无意记忆效果都不断提高，但有意记忆逐渐占主导地位；

(5)中学生以理解记忆为主要记忆手段。

(6)抽象记忆在中学阶段占据主导地位。

专题四　表象与想象

1. 简述表象的特点。

(1)直观性；(2)概括性；(3)可操作性。

2. 简述中学生想象的发展特点。

(1)初中生想象的有意性迅速增长；

(2)中学生想象的现实性在不断发展；

(3)想象中创造性成分日益增多。

3. 简述想象的加工方式并举例。/简述想象的过程的几种形式。(易混)

(1)黏合,是指把两种或两种以上客观事物的属性、元素、特征或部分结合在一起而形成新形象的过程,如孙悟空的形象。

(2)夸张,是指改变客观事物的正常特点,对某些特点加以夸大和强调,使其增大、缩小、数量加多、色彩加浓等,如"千手观音"的形象。

(3)拟人化,是指把人类的特性、特点加在外界事物上,使之人格化的过程,如"雷公""电母"等形象。

(4)典型化,是指根据一类事物共同的、典型的特征创造新形象的过程,如鲁迅小说中的人物模特儿,往往嘴在浙江,脸在北京,衣服在山西,是一个拼凑起来的角色。

4. 再造想象与创造想象有什么相同与不同?

相同点:再造想象与创造想象都属于有意想象。不同点:再造想象与创造想象的概念不同,产生的条件不同,创造程度不同。

再造想象是依据词语或符号的描述、示意在头脑中形成与之相应的新形象的过程。创造想象是按照一定目的、任务,使用自己以往积累的表象,在头脑中独立地创造出新形象的过程。它是一切创造性活动的重要组成部分。

再造想象的产生条件:(1)必须具有丰富的表象

储备;(2)为再造想象提供的词语及实物标志要准确、鲜明、生动;(3)正确理解词语与实物标志的意义。

创造想象的产生条件:(1)强烈的创造愿望;(2)丰富的表象储备;(3)积累必要的知识经验;(4)原型启发;(5)积极的思维活动;(6)灵感的作用。

5. 简述小学生想象的发展特点。

(1)想象的有意性迅速发展;

(2)想象中的创造成分日益增多;

(3)想象的内容逐渐接近现实。

6. 在教学过程中如何培养学生的再造想象?(常考)

(1)要扩大学生头脑中的表象储备;

(2)教师要帮助学生真正弄懂描述中关键性词句和实物标志的含义;

(3)教师要唤起学生对教材的想象,以加深对知识的理解和巩固。

7. 在教学中如何培养学生的创造想象?(常考)

(1)要引导学生学会观察,丰富学生的表象储备;

(2)引导学生积极思考,有利于打开想象力的大门;

(3)引导学生努力学习科学文化知识,扩大学生的知识经验以发展学生的空间想象能力;

(4)注意发展学生的语言能力;

(5)结合学科教学,有目的地训练学生的想象力;

(6)引导学生进行积极的幻想。

专题五 思 维

1. 简述思维的特点。

(1)间接性。所谓间接性,是指思维能对感官所不能直接把握的或不在眼前的事物,借助于某些媒介物与头脑加工来进行反映。

(2)概括性。所谓概括性,包含两层意思:

①把同一类事物的共同特征和本质特征抽取出来加以概括;

②将多次感知到的事物之间的联系和关系加以概括,得出有关事物之间的内在联系的结论。

2. 简述思维的品质。

(1)思维的广阔性与深刻性;

(2)思维的独立性(独创性)与批判性;

(3)思维的灵活性与敏捷性;

(4)思维的逻辑性和严谨性。

记忆技巧:横向广,纵向深;于人独,对己批;灵则变,敏则快;逻辑严谨是中心。

3. 在教育教学实践中如何培养学生良好的思维品质?

(1)加强科学思维方法的训练;

(2)运用启发式方法调动学生思维的积极性、主动性;

(3)加强言语交流训练；

(4)发挥定势的积极作用；

(5)培养学生解决实际问题的思维品质。

记忆技巧：用科学的言语方法去积极地解决问题。

4. 人类的思维可以划分为哪些种类?

(1)根据思维的内容凭借物、任务的性质、发展水平以及解决问题的方式,可将思维分为直观动作思维、具体形象思维和抽象逻辑思维；

(2)根据思维过程中是以日常经验还是以理论为指导来划分,可将思维分为经验思维和理论思维；

(3)根据结论是否有明确的思考步骤和思维过程中意识的清晰程度和逻辑性,可将思维分为分析思维和直觉思维；

(4)根据思维的指向性,可将思维分为聚合思维和发散思维；

(5)根据思维的创造程度,可将思维分为再造性思维和创造性思维。

5. 简述教师如何帮助学生转变错误概念。

(1)创设开放的、相互接纳的课堂气氛；

(2)倾听、洞察学生的经验世界；

(3)引发认知冲突；

(4)鼓励学生交流讨论。

6. 如何帮助学生科学地掌握概念?/简述在小学

教学中如何讲授基本概念。（常考）

（1）以感性材料作为概念掌握的基础；

（2）合理利用过去的知识经验；

（3）提供概念范例，配合运用正例和反例，适当运用比较；

（4）突出有关特征，控制好无关特征的数量和强度，正确而充分地利用“变式”；

（5）正确运用语言表达，明确提示概念的本质特征；

（6）形成正确的概念体系，并运用于实践中。

7. 简述思维的一般过程。

（1）分析与综合；

（2）比较与分类；

（3）抽象与概括；

（4）系统化与具体化。

8. 简述创造性思维的内涵与特征。（常考）

（1）创造性思维是指用独特、新颖的方法解决问题的思维过程。它是人类思维的高级形态，是智力的高级表现。

（2）创造性思维的特征：①新颖独特性（最本质特征）；②创造性思维是多种思维的结晶，以发散思维为核心；③创造性想象的积极参与；④灵感状态。

9. 简述创造性思维的过程。

（1）准备期；（2）酝酿期；（3）豁朗期；（4）验

证期。

10. 如何培养学生的创造性思维？/简述创造性思维能力的培养。（常考）

(1)运用启发式教学，保护学生的好奇心，激发学生的求知欲，培养创造性动机，调动学生学习的积极性和主动性；

(2)培养学生的发散思维，并将发散思维和集中思维相结合；

(3)发展学生的创造性想象能力；

(4)组织创造性活动，正确评价学生的创造性；

(5)开设具体的创造性课程，教授学生创造性思维策略和创造技法；

(6)结合各学科特点进行创造性思维训练。

11. 简述常见的创造性课程。

(1)创造发明课；

(2)直觉思维训练课；

(3)发散思维训练课；

(4)推测与假设训练课；

(5)自我设计训练课；

(6)假设课；

(7)侧向思维训练课。

12. 简述促进创造性思维发展的创造技法。

(1)头脑风暴法(脑激励法)；(2)系统探求法；(3)联想类比法；(4)组合创新法；(5)对立思考法；

(6)转换思考法;(7)检查单法。

13. 简述头脑风暴法的应用原则。

(1)让参与者畅所欲言,对提出的所有方案禁止批评,延迟评价,评价必须在所有的想法出来之后再进行;

(2)鼓励标新立异、与众不同的观点,提倡自由奔放的思考,充分发表自己的看法;

(3)以获得方案的数量而非质量为目的,即鼓励多种想法,多多益善;

(4)鼓励提出改进意见或补充意见,提倡对他人的设想进行组合和重建以求改善。

14. 简述小学生思维发展的基本特征。

小学生思维发展的基本特征为:从具体形象思维为主逐步向抽象逻辑思维为主过渡。主要表现在:

(1)小学生的抽象思维逐步发展,但仍带有较大的具体性;

(2)小学生的抽象思维开始发展,但仍带有很大的不自觉性;

(3)在从具体形象性向抽象逻辑性的过渡中,存在着不平衡性;

(4)在从具体形象思维为主逐渐向抽象逻辑思维为主的过渡中出现“飞跃”或“质变”。一般认为,这个关键年龄出现在小学四年级(约10~11岁)。

15. 简述中学生思维发展的一般特点。

(1)抽象逻辑思维逐渐占据主导地位,并随着年龄的增长日益成熟;

(2)形式逻辑思维逐渐发展,在高中阶段处于优势;

(3)辩证逻辑思维迅速发展。

专题六　注　意

1. 什么是注意? 简述注意的种类及其含义。

注意是心理活动或意识对一定对象的指向和集中,它是心理过程的动力特征之一。

根据有无目的和意志努力,注意可以分为无意注意、有意注意和有意后注意三种:

(1)无意注意。无意注意也称不随意注意,是没有预定目的的、无需意志努力、不由自主地对一定事物所发生的注意。

(2)有意注意。有意注意也称随意注意,是有预先目的的、必要时需要意志努力、主动地对一定事物所发生的注意。

(3)有意后注意。有意后注意也叫随意后注意,是指有预定目的,但不需要意志努力的注意。

2. 简述注意的功能。

(1)选择功能;

(2)保持功能(维持功能);

(3)调节和监督功能。

3. 如何运用注意规律组织教学?(常考)

(1)根据注意的外部表现了解学生的听课状态;

(2)运用无意注意的规律组织教学;

(3)运用有意注意的规律组织教学;

(4)运用两种注意相互转换的规律组织教学。

4. 简述引起无意注意的条件。/影响无意注意的因素有哪些?(常考)

(1)客观条件,即刺激物本身的特点。

①刺激物的强度;

②刺激物之间显著的对比关系;

③刺激物的活动和变化;

④刺激物的新异性。

(2)主观条件,即人本身的状态。

①当时的需要;

②当时的特殊情绪状态;

③当时的直接兴趣;

④个体的知识经验等。

5. 简述引起和保持有意注意的主要条件。(常考)

(1)加深对目的任务的理解;

(2)合理组织活动;

(3)对兴趣的依从性;

(4)排除内外因素的干扰。

6. 简述注意的基本特征(品质)。

(1)注意的稳定性;

(2)注意的广度;

(3)注意的分配;

(4)注意的转移。

7. 怎样运用有意注意的规律组织教学?

(1)明确学习的目的和任务;

(2)培养间接兴趣;

(3)合理组织课堂教学,防止学生分心;

(4)运用多种教学手段。

8. 简述影响注意的广度的条件。

(1)知觉对象的特点;

(2)当时的知觉任务;

(3)已有的知识经验和水平。

9. 简述影响注意的分配的条件。

(1)在同时进行的两种活动中,必须有一种活动是已经熟练的;

(2)同时进行的几种活动都已熟练;

(3)几种不同的活动已成为一套统一的组织。

10. 简述影响注意的转移的条件。

(1)原有注意的紧张度;

(2)新的注意对象的特点;

(3)大脑皮层神经兴奋过程和抑制过程相互转换的灵活性;

(4)各项活动的目的性或第二信号系统的调节作用。

11. 在教学应用中,教师应如何把握不随意注意的规律?

(1)创造良好的教学环境;

(2)注重讲演、板书技巧和教具的使用;

(3)注重教学内容的组织和教学形式的多样化。

12. 在教学过程中如何培养学生良好的注意品质?

(1)要增强注意的稳定性,就要防止注意的分散。

(2)要扩大注意的广度,需要学生积累本学科相应的知识经验和具备一定的素养。

(3)注意的分配在教学中有实践意义。根据注意分配的条件,需要增强学生的听讲、书写、表达等基本学习能力的训练。另外,对于一些特殊技能的分配,需要特别的训练,增强技能间的协调性。

(4)注意的转移同人先天的神经活动类型有关,但也可以通过对外在因素的控制和后天训练加以改善和提高。

13. 简述小学生注意力的发展特点。

(1)小学生无意注意的发展先于有意注意,从无意注意向有意注意过渡。

①小学低年级学生的无意注意占主导地位;

②注意的有意性由被动到主动。

(2)具体生动、直观形象的事物更容易引起小学生的注意。

(3)注意有明显的情绪色彩。

(4)小学生注意的品质逐渐提高。

14. 简述中学生注意力的发展特点。

(1)有意注意发展明显;

(2)不论何种注意,都在逐步深化;

(3)注意特征存在个体差异。

15. 简述小学生注意力的培养。

(1)小学生良好的注意力既可以进行专门训练,也可以在课堂教学中培养;

(2)任务既可以结合课程,也可以是纯训练性的,教师可根据要求自行设计问题;

(3)可将培养注意力和培养意志力结合起来,使学生随时随地与来自主客观的各种干扰因素做斗争,以便顺利地完成学习任务。

16. 简述中学生注意力的培养。

(1)培养间接兴趣。

(2)养成良好的学习习惯。

①要使学生养成力图把握重点的学习习惯;

②要使学生养成劳逸结合的学习习惯。

(3)保持良好的心理状态。

①能不能使注意集中,自信心是关键;

②心情愉快有利于注意集中;

③心情平静有益于注意集中。

(4)重视集中注意的自我训练。

①在进行集中注意的自我训练时,要注意培养学生对不良刺激的容忍力;

②在注意力的训练中,加强锻炼自我调节控制和自我管理的能力是非常重要的。

专题七 情绪、情感的发展与教育

1. 简述情绪和情感的关系。

(1)区别

①从需要的角度来看:

情绪是原始的、低级的态度体验,与生理需要是否满足相联系,是人和动物共有的;

情感是人类所特有的心理活动,具有一定的社会历史性,是后继的、高级的态度体验,与社会需要是否满足相联系。

②从发生的角度来看:

情绪可以由对事物单纯的感知觉直接引起,具有情境性和易变性;

情感则由对事物复杂意义的理解所引起,具有稳定性和持久性。

③从表现形式来看:

情绪体验强度大,往往带有冲动性,并伴随明显的外部表现;

情感则比较内隐，较为深沉。

(2)联系

①情绪是情感的基础，情感离不开情绪；

②对人类而言，情绪离不开情感，是情感的具体表现。

2. 简述情绪的种类。/简述情绪的三种状态类型。(常考)

依据情绪发生的强度、持续性和紧张度的不同，可以把情绪状态划分为激情、心境、应激三种。

(1)激情是一种爆发式的、猛烈而时间短暂的情绪状态。

(2)心境是一种微弱的、持续时间较长的，带有弥漫性的情绪状态。

(3)应激是出乎意料的紧迫情况所引起的急速而高度紧张的情绪状态。

3. 简述情感的种类。

从情感的社会内容角度来看，人类的情感有道德感、美感和理智感三种形式。

(1)道德感是根据一定的道德标准评价人的思想、意图和言行时所产生的主观体验。

(2)美感是人们根据一定的审美标准对自然或社会现象及其在艺术上的表现予以评价时所产生的情感体验。

(3)理智感是人认识事物和探求真理的需要是否

得到满足而产生的主观体验。

4. 简述情绪与情感的功能。

（1）适应功能；（2）动机功能；（3）组织功能；（4）信号功能；（5）健康功能；（6）感染功能。

此外，情绪和情感还具有强化功能、迁移功能、疏导功能和协调功能。

5. 简述情绪和情感与认识过程的关系。

（1）认识过程是情绪和情感的基础，并引导情绪和情感的发展。

（2）情绪和情感伴随着认识活动的发展而发展。

（3）情绪和情感反过来对认识过程起调节作用。

6. 简述情绪的理论。（易错）

（1）情绪的早期理论：

①詹姆斯—兰格的机体知觉理论

美国心理学家詹姆斯和丹麦生理学家兰格都强调情绪的产生是植物性神经系统活动的产物，也就是说，情绪刺激引起身体的生理反应，而生理反应进一步导致情绪体验的产生。因此，后人也称之为情绪的“外周”理论。

②坎农—巴德学说

坎农和巴德认为，情绪的中枢不在外周神经系统，而在中枢神经系统的丘脑。外界刺激引起感觉器官的神经冲动，传至丘脑，再由丘脑同时向大脑和植物性神经系统发出神经冲动，从而在大脑产生情绪的主观体验，而由植物性神经系统产生个体的生理变化。

（2）情绪的认知理论：

①阿诺德的评定—兴奋说

美国心理学家阿诺德提出刺激情境并不直接决定情绪的性质，从刺激出现到情绪的产生要经过对刺激的估量和评价。

②沙赫特和辛格的理论

情绪状态是由认知过程、生理状态、环境因素在大脑皮层中整合的结果。

③拉扎勒斯的认知—评价理论

拉扎勒斯认为情绪是人与环境相互作用的产物。在情绪活动中，人不仅反映环境中的刺激事件对自己的影响，同时要调节自己对于刺激的反应。也就是说，情绪是个体对环境知觉到有害或有益的反应。

7. 简述良好情绪的标准。

（1）能正确反映一定环境和情境的影响，善于表达自己的感受；

（2）能对引起情绪的刺激做出适当强度的反应；

（3）具备情绪反应的转移能力；

（4）要符合学生的年龄特点。

8. 如何提高学生的情绪调节能力？

（1）教会学生形成适宜的情绪状态；

（2）丰富学生的情绪体验；

(3)引导学生正确看待问题(调整认知);

(4)教会学生情绪调节的方法;

(5)通过实际锻炼提高学生的情绪调节能力。

9. 学生情绪调节的方法有哪些?

(1)认知调节法;(2)合理宣泄法(自我排解);(3)意志调节法;(4)转移注意法;(5)幽默法等。

10. 简述影响压力的主要因素。

(1)经验;(2)准备状态;(3)认知;(4)性格;(5)环境。

11. 简述在压力状态下身体反应的三个阶段。

心理学家指出了压力状态下身体反应的三个阶段:

第一阶段是警觉反应阶段。在这个阶段中,肾上腺素分泌增加,进入应激状态。

第二阶段即搏斗阶段,个体企图对身体上任何受损的部分加以维护复原,所以产生大量调节身体的激素。

第三阶段是衰竭阶段,压力存在太久,应付压力的精力耗尽,适应能力丧失。

12. 简述常见的自我防御机制。(易混)

(1)否认;(2)压抑;(3)合理化(文饰作用);(4)移置;(5)投射;(6)退行;(7)升华;(8)幽默;(9)认同;(10)反向形成;(11)过度代偿;(12)抵消。

13. 简述小学生情绪、情感的发展特点。

(1)情感体验的内容日益丰富;

(2)情感表现的深刻性逐步增加;

(3)友谊感逐渐发展;

(4)情感的动力特征明显;

(5)高级情感得到进一步发展;

(6)情绪、情感的稳定性明显增强;

(7)情绪、情感的自控力不断增强。

14. 简述中学生情绪的发展。

(1)初中生情绪的发展:

①强烈、狂暴性与温和、细腻性共存;

②可变性和固执性共存;

③内向性和表现性共存。

(2)高中生情绪的发展:

①情绪的延续性;

②情绪的丰富性;

③情绪的特异性;

④情绪体验的深刻性;

⑤情绪体验更加细腻。

15. 简述中学生情感的发展。

(1)情感丰富多彩、富有朝气。

(2)情感两极性明显。

(3)情感不断深刻。

(4)情感逐渐稳定。

①对情感的自我调节和控制能力逐渐提高；

②逐步带有文饰性、内隐性、曲折性的性质；

③情感的倾向性正在定型化。

(5)情感的外露和表达已趋于理性化。

专题八　意志与教育

1. 简述意志行动的基本特征。(常考)

(1)意志行动是人特有的自觉确定目的的行动；

(2)意志对活动有调节支配作用，使人的行动能按设定好的目标去改造世界；

(3)克服内部和外部的困难是意志行动最重要的特征；

(4)意志行动以随意动作为基础。

2. 简述意志过程的规律。

(1)意志与认识过程的关系：认识过程是意志形成的前提和基础；意志对认识过程具有反作用。

(2)意志与情感过程的关系：情感既可以成为意志行动的动力，也可以成为意志行动的阻力；意志可以调节、控制人的情感。

3. 简述意志的品质。

(1)意志的自觉性；

(2)意志的果断性；

(3)意志的自制性；

（4）意志的坚韧性（坚持性）。

4. 简述意志行动的心理过程。

（1）第一阶段是准备阶段。包括：①动机冲突；②确定目标；③选择行动方法和制订行动计划。

（2）第二阶段是执行决定阶段。

5. 简述动机冲突的类型。（常考）

（1）双趋冲突是指从自己同时都很喜爱的两个事物中仅择其一的心理状态；

（2）双避冲突是指从希望回避的两种事物中必取其一的心理状态；

（3）趋避冲突是指对同一目的兼具好恶的矛盾心理；

（4）多重趋避冲突即对含有吸引与排斥两种力量的多种目标予以选择时所发生的冲突。

6. 简述培养学生良好意志品质的主要方法。（常考）

（1）加强生活目的性教育，树立科学的世界观、远大的理想和信念，培养学生行为的目的性，减少其行动的盲目性；

（2）加强养成教育，培养学生的自制能力；

（3）组织实践活动，在困难环境中锻炼学生的意志，让学生取得意志锻炼的直接经验；

（4）教育学生正确地对待挫折；

（5）根据学生意志品质上的差异，采取不同的锻炼措施；

(6)发挥教师、班集体和榜样的模范作用，给予必要的纪律约束；

(7)加强自我锻炼，从点滴小事做起。

7. 简述提高学生挫折承受力的方法。

(1)帮助学生树立正确的挫折观；

(2)帮助学生确定适当的抱负水平；

(3)适度感受挫折，锻炼挫折承受能力。

8. 教师如何帮助小学生正确地对待挫折？

(1)帮助儿童分析产生挫折的原因，找出避免挫折的方法；

(2)面对挫折，鼓励儿童充满信心地战胜挫折，有时候也可以用限制、批评、惩罚的方法来制止那些不良的表现；

(3)在教育教学中，注意培养儿童调节和控制自己心理活动的能力，提高小学生的挫折耐受力。

专题九　需要、动机与兴趣

1. 简述需要的含义及其种类。

(1)需要是有机体感到某种缺乏或不平衡状态而力求获得满足的心理倾向，是有机体自身和外部生活条件的要求在头脑中的反映。

(2)①根据需要的起源，可分为先天的生理性需要和后天的社会性需要；②根据需要的对象，可分为物质需要和精神需要。

2. 简述马斯洛的需要层次理论。（常考）

马斯洛根据需要出现的先后及强弱顺序，把需要分成了五个层次，即生理需要、安全需要、归属与爱的需要、尊重需要和自我实现的需要。后来他又补充了求知需要和审美需要，即需要由五个层次扩充为七个层次。

记忆技巧：李（生理需要）安蜀（归属与爱的需要）中（尊重需要）求美食（自我实现的需要）。

3. 简述动机产生的条件。

（1）内在条件是需要；（2）外在条件是诱因。

4. 简述动机的功能。

（1）激活功能；

（2）指向功能；

（3）维持和调节功能（强化功能）。

5. 简述兴趣的种类。

（1）直接兴趣和间接兴趣；

（2）中心兴趣和广阔兴趣；

（3）个体兴趣和情境兴趣。

6. 简述兴趣的品质。

（1）兴趣的广度；（2）兴趣的中心（兴趣的倾向性）；（3）兴趣的稳定性；（4）兴趣的效能。

7. 简述小学生学习兴趣发展的特点。

（1）低年级的小学生从对学习的过程和学习的外

部活动更感兴趣，逐渐发展到对学习的内容和需要独立思考的作业感兴趣。

(2)小学生的学习兴趣从不分化到逐渐对各种不同学科内容产生了初步的分化性的兴趣。

(3)在整个小学阶段，学生对有关具体事实和经验较感兴趣，对抽象的因果关系的兴趣在初步发展着。

(4)小学低年级学生对以游戏方式进行的学习活动感兴趣，中、高年级学生对这种学习活动的兴趣逐步下降。

(5)小学生的阅读兴趣有一个发展过程。

(6)从对日常生活的兴趣，逐渐扩大和加深到对社会、政治生活的兴趣。

8. 如何培养和激发学生的学习兴趣？(常考)

(1)通过各种活动发展学生的兴趣；

(2)通过提高教学水平，引发学生兴趣；

(3)引导学生将广泛兴趣与中心兴趣结合起来；

(4)要根据学生的年龄特征来提高学生的学习兴趣；

(5)要根据学生的知识基础培养学生的学习兴趣；

(6)通过积极的评价使学生的兴趣得以强化；

(7)充分利用原有兴趣的迁移。

记忆技巧：三通过、两根据、一引导、一利用。

专题十　能　力

1. 谈谈能力与知识、技能的关系。（常考）

（1）联系：

①能力是掌握知识与技能的前提。

②能力是在掌握知识和技能的过程中形成和发展起来的，掌握系统的知识和技能有利于能力的增长和发挥。

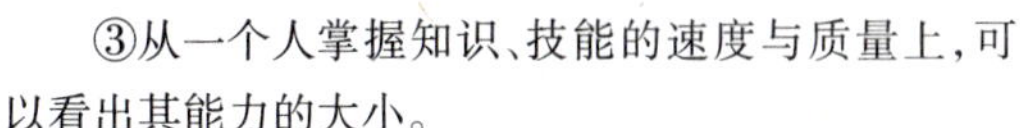

③从一个人掌握知识、技能的速度与质量上，可以看出其能力的大小。

（2）区别：

①能力与知识、技能具有不同的概括水平。

②在一个人身上，知识和技能的发展是无止境的，它随着学习进程的不断增多而不断丰富；而能力的发展则有一定的限度。

③知识、技能的掌握和能力的发展是不同步的。

2. 简述多元智力理论。

（1）言语智力：说话、阅读、书写的能力。

（2）逻辑—数学智力：数学运算与逻辑思考的能力以及科学分析的能力。

（3）视觉—空间智力：认识环境、辨别方向的能力。

（4）音乐智力：对声音的辨识与韵律表达的能力。

（5）运动智力：支配肢体以完成精密作业的能力。

(6)人际智力(社交智力):与人交往并和睦相处的能力。

(7)自知智力(内省智力):认识自己并选择自己生活方向的能力。

(8)认识自然智力(自然观察智能):认识自然,并对我们周围环境中的各种事物进行分类的能力。

(9)存在智力:陈述、思考有关生与死、身体与心理等问题的倾向性。

3. 简述多元智力理论对我国当前教学改革的启示。(常考)

(1)积极乐观的学生观;

(2)科学的智力观;

(3)因材施教的教学观;

(4)多样化的人才观和成才观。

4. 简述斯腾伯格的三元智力理论。

美国耶鲁大学的心理学家斯腾伯格提出了智力的三元理论。该理论包括智力成分亚理论、智力情境亚理论和智力经验亚理论。

(1)智力成分亚理论认为,智力包括三种成分及相应的三种过程,即元成分、操作成分和知识获得成分。在智力成分中,元成分起着核心作用,它决定人们解决问题时所使用的策略。

(2)智力情境亚理论认为,智力是指获得与情境拟合的心理活动。在日常生活中,智力表现为有目的地适应环境、塑造环境和选择新环境的能力，这些能力统称为情境智力。

（3）智力经验亚理论认为，智力包括两种能力：一种是处理新任务和新环境时所要求的能力；另一种是信息加工过程中自动化的能力。

5. 简述评定测验质量优劣的主要技术指标。/简述智力测验的标准。（易混）

（1）信度。信度是指一个测验量表的可靠程度（或可信程度）。它以反复测验时能否提供相同的结果来说明。

（2）效度。效度是指一个测验工具希望测到某种行为特征的有效性与准确程度。

（3）标准化。标准化是心理测验最基本的要求，包括难度和区分度。难度指题目的难易程度，区分度是指该项题目对不同水平的答题者反应的区分程度和鉴别能力。

6. 简述信度与效度的关系。

信度是效度的必要条件，但不是充分条件。

（1）信度低，效度不可能高；

（2）信度高，效度未必高；

（3）效度低，信度很可能高；

（4）效度高，信度也必然高。

7. 简述影响能力形成与发展的因素。（常考）

（1）遗传与营养；

(2)早期经验;

(3)教育与教学;

(4)社会实践;

(5)主观努力。

8. 如何培养学生的能力?(易错)

(1)注重对学生早期能力的培养;

(2)在教学中要加强学生知识与技能的学习与训练;

(3)在教学中要针对学生的能力差异因材施教;

(4)在教学中要积极培养学生的元认知能力和创造能力;

(5)社会实践活动是培养学生能力的基本途径;

(6)要注意培养学生的非智力因素。

记忆技巧: 早期能力要注重;后期教育要加强;三教学,一实践;非智力因素要注意。

9. 在教学中,教师应如何针对学生的能力差异因材施教?

(1)在教学中可以根据学生不同的特点,分别提出不同的要求;

(2)教师不应歧视在某些能力方面有缺陷的学生,教师要树立一种观念,即任何儿童都有可能发展某种活动所需要的能力,要鼓励他们树立信心,扬长避短,同时采取适当的方法使学生长善救失,人尽其才;

(3)教师要善于发现和培养有特殊兴趣和才能的学生,对于有某方面特长的学生,应给予其机会,通过组织各种课外活动来促进他们特长的进一步发展。

10. 如何培养学生的非智力因素?

(1)用个别教育的方法,分别培养每个学生的兴趣、意志、情感等。

(2)采用整体教育的方法,使整个班级甚至全校都形成良好的学习风气,让学生在其中受到熏陶,逐步培养自己良好的个性品质。

(3)教师要采取个别化教育的方法,有针对性地、逐个纠正学生自身的一些不良习惯,使之在原有的水平上得到不同程度的提高和进步。

专题十一　气质与性格

1. 简述四种气质类型。(常考)

(1)胆汁质:胆汁质的人以精力旺盛、粗枝大叶、表里如一、刚强、易感情用事为特征。

(2)多血质:多血质的人以反应迅速、有朝气、活泼好动、动作敏捷、情绪不稳定为特征。

(3)黏液质:黏液质的人稳重,但灵活性不足;踏实,但有些死板;沉着冷静,但缺乏生气。

(4)抑郁质:抑郁质的人以敏锐、稳重、体验深刻、外表温柔、怯懦、孤独、行动缓慢为特征。

2. 巴甫洛夫的高级神经活动类型与体液说的四

种类型间的对应关系如何？

(1)胆汁质：强、不平衡(不可遏制型)；

(2)多血质：强、平衡、灵活(活泼型)；

(3)黏液质：强、平衡、不灵活(安静型)；

(4)抑郁质：弱(弱型)。

3. 如何根据学生的气质类型进行教育？(易错)

(1)对待学生应克服气质偏见；

(2)针对学生的气质差异因材施教；

(3)帮助学生进行气质的自我分析、自我教育，培养良好的气质品质；

(4)特别重视胆汁质和抑郁质学生；

(5)组建学生干部队伍时，应考虑学生的气质类型。

4. 在教育中如何针对学生的气质差异进行因材施教？/如何根据学生的气质类型实施差异化教育？(常考)

(1)对胆汁质的学生，教师应采取直截了当的方式，但这些学生不宜轻易激怒，对其严厉批评要有说服力，培养其自制力、坚持到底的精神，豪放、勇于进取的人格品质。

(2)对多血质的学生，可以采取多种教育方式，但要定期提醒，对其缺点严厉批评。教师应鼓励他们勇于克服困难，培养扎实专一的精神，防止其见异思迁；创造条件，多给他们活动的机会，培养他们朝气蓬勃、足智多谋的优点。

(3)对黏液质的学生,教师要采取耐心教育的方式,让他们有考虑和做出反应的足够时间,培养其生气勃勃的精神、热情开朗的个性和以诚待人、工作踏实、顽强的优点。

(4)对抑郁质的学生,则应采取委婉暗示的方式,对其多关心、爱护,不宜在公开场合下指责,不宜过于严厉的批评,培养他们亲切、友好、善于交往、富有自信的精神,培养其敏感、机智、认真、细致、高自尊的优点。

5. 如何理解性格的概念?

(1)性格是人对现实的态度和行为方式概括化与定型化的结果;

(2)性格是指一个人独特的、稳定的个性心理;

(3)性格是个性特征中最具核心意义的心理特征。

6. 学生性格特征的差异表现在哪些方面?/简述性格的结构特征。(常考)

(1)性格的态度特征。它是指个体对自己、他人、集体、社会以及对工作、劳动、学习的态度特征。

(2)性格的意志特征。它是指个体自觉地确定目标,调节支配行为,从而达到目标的性格特征。

(3)性格的情绪特征。它是指个体稳定而独特的情绪活动方式。

(4)性格的理智特征。它是指个体在感知、记忆、想象、思维等认知过程中表现出来的认知特点和风格。

7. 如何培养学生良好的性格?(常考)

(1)加强人生观、世界观和价值观的教育;

(2)及时强化学生的积极行为;

(3)充分利用榜样人物的示范作用;

(4)利用集体的教育力量;

(5)提供实际锻炼的机会;

(6)及时进行个别指导;

(7)提高学生的自我教育能力。

记忆技巧:强三观、强良行、利用榜样和集体,自我教育要提高,个别指导要及时,实际锻炼少不了。

8. 简述性格与能力的关系。

(1)区别:

①性格与能力不同,能力是决定心理活动的基本因素,活动能否顺利进行与能力有关;

②性格表现为人的活动指向什么,采取什么态度,怎样进行。

(2)联系:

①性格制约着能力的形成与发展。

第一,性格影响能力的发展水平;

第二,优良的性格特征往往能够补偿能力的某种缺陷。但是,不良的性格特征也会阻碍能力的发展,甚至使能力衰退。

②能力的形成与发展也会促使相应的性格特征随之发展。

9. 请简述性格与气质的联系和区别。（常考）

联系：

(1)性格与气质都属于稳定的人格特征。

(2)性格与气质相互渗透,彼此制约,二者相互影响。这表现在:①气质影响到一个人对事物的态度和行为方式,因而使性格带上某种气质的色彩和具有某种特殊的形式;②气质影响性格的形成和发展,以及形成的速度;③性格可以掩蔽和改造气质,指导气质的发展,使它服从于生活实践的要求。

区别：

(1)气质受生理影响大,性格受社会影响大。

(2)气质的稳定性强,性格的可塑性强。

(3)气质特征表现较早,性格特征表现较晚。

(4)气质无所谓好坏,性格有优劣之分。

10. 影响性格形成与发展的因素有哪些？（常考）

(1)家庭;(2)学校教育;(3)同伴群体;(4)社会实践;(5)自我教育;(6)社会文化因素。

第四部分　教育心理学

专题一　教育心理学概述

1. 简述学与教的三种过程模式。

学与教的相互作用过程是一个系统过程，该系统由学习过程、教学过程和评价/反思过程这三种活动过程交织在一起组成。

(1)学习过程。学习过程指学生在教学情境中通过与教师、同学以及教学信息的相互作用获得知识、技能和态度的过程。学习过程是教育心理学研究的核心内容。

(2)教学过程。教学过程指教师把知识技能以有效的方法传授给学生并引导学生建构自己的知识的过程。学习心理是教育心理学的核心。

(3)评价/反思过程。评价/反思是教师以学生和自身的活动为思考对象，对学生和自己做出的行为、决策及由此所产生的结果进行审视和分析的过程，是一种通过提高参与者的自我决策水平来促进能力发展的途径。

2. 学生这一要素从哪两方面影响学与教的过程?

学生这一要素主要从两方面影响学与教的过程：

(1)群体差异，包括年龄、性别和社会文化差异等；

(2)个体差异，包括先前知识基础、学习方式、智力水平、兴趣和需要等差异。

无论哪种差异，都影响着学习与教学的过程，都成了教育心理学要研究的范畴。

3. 简述教育心理学的作用。

(1)帮助教师准确地了解问题；

(2)为实际教学提供科学的理论指导；

(3)帮助教师预测并干预学生；

(4)帮助教师结合实际教学进行教育研究。

4. 简述教育心理学的研究原则。

(1)客观性原则；(2)教育性原则(道德性原则)；(3)发展性原则；(4)理论联系实际原则；(5)系统性原则。

5. 简述布鲁纳总结的教育心理学80年代以来的成果。

(1)主动性研究；(2)反思性研究；(3)合作性研究；(4)社会文化研究。

记忆技巧：饭(反思性研究)盒(合作性研究)会动。

6. 简述教育心理学的发展趋势。

教育心理学经过近百年的发展，目前正处于快速发展时期，除学习心理等传统领域受到重视外，还呈现出如下新的发展趋势。

(1)转变教学观念，关注教与学两方面的心理问题，教学心理学兴起。

(2)关注影响教育的社会心理因素。

(3)注重实际教学中各种策略和元认知的研究。

7. 简述教育心理学的研究方法。

(1)实验法;(2)观察法;(3)调查法;(4)个案法;(5)测验法;(6)教育经验总结法;(7)产品分析法。

8. 简述观察法的主要优点和不足。

(1)优点:

保持了人的心理活动的自然性和客观性,获得的资料比较真实。

(2)不足:

观察法得到的结果有时可能只是一种表面现象,不能据此很好地确定心理活动产生和变化的原因。

专题二 心理发展与中小学生认知发展

1. 简述心理学家对个体心理发展的阶段划分。

乳儿期(0～1岁)、婴儿期(1～3岁)、幼儿期或学龄前期(3～6、7岁)、童年期或学龄初期(6、7～11、12岁)、少年期或学龄中期(11、12～14、15岁)、青年期(14、15～25岁)、成年期(25～65岁)、老年期(65岁以后)。

2. 简述学生心理发展的四个基本特征。/简述个体心理发展的一般规律。(常考)

(1)连续性与阶段性;(2)定向性与顺序性;

(3)不平衡性;(4)差异性。

3. 简述少年期的心理特征。

少年期又称学龄中期,大致相当于初中阶段,是个体从童年期向青年期过渡的时期,具有半成熟、半幼稚的特点。在这一时期,学生处于生理发育的第二个高峰期。整个少年期充满独立性和依赖性、自觉性和幼稚性错综的矛盾。这一时期也被称为“心理断乳期”或“危险期”。在这一时期,主要表现出如下特征:

(1)抽象思维已占主导地位,并出现反省思维,但抽象思维在一定程度上仍要以具体形象为支柱。

(2)思维的独立性和批判性也有所发展,但仍带有不少片面性和主观性。

(3)初中生心理活动的随意性显著增长,可长时间集中精力学习,能随意调节自己的行动。

(4)他们也开始关心自己和别人的内心世界,同龄人间的交往和认同大大增强,社会高级情感迅速发展。

(5)初中生的道德行为更加自觉,能通过具体的事实概括出一般伦理性原则,并以此来指导自己的行动,但因自我控制力不强,常出现前后矛盾的行为。

(6)进入少年期,学生个性结构的主要变化在于自我意识有了质的飞跃。

身体状态的剧变、内心世界的发现、自我意识的觉醒、独立精神的加强是少年期表现出的总体性的阶段特征。

4. 简述影响个体心理发展的因素。

(1)遗传;(2)环境;(3)教育;(4)主观能动性。

5. 中学生身心发展的主要矛盾有哪些?(易错)

中学阶段是人生旅途中的一个非常特殊的时期。在这一时期内,中学生身体的生长发育进入第二高峰。其主要表现为:

(1)身体外形的剧烈变化;

(2)体内机能的迅速成熟;

(3)性器官和性机能的发育成熟。

身体的发育变化,给中学生心理发展带来了新的矛盾。这一时期,中学生心理发展的矛盾主要表现在:

(1)性发育迅速成熟与性心理相对幼稚;

(2)自我意识迅速增长与社会成熟相对迟缓;

(3)情感激荡要求释放与外部表露趋向内隐。

6. 如何根据心理发展的特征进行教育?

(1)教育必须以一定的心理发展特点为依据。

①结合学生的心理发展特点,注意学生心理发展的个体差异;

②注意学生的学习准备状态;

③注意关键期对儿童心理发展的作用,抓住关键期。

(2)教育对心理发展起主导作用。

①学生心理的发展依赖于教育提出的要求和方向;

②教育能够促进学生的心理发展;

③教育可以加速或延缓学生心理发展的进程;

④教育能够使心理发展的可能性转化为现实性。

7. 简述皮亚杰认知发展的阶段理论。(常考)

皮亚杰认为认知发展是一个建构的过程,是个体在与环境的相互作用中实现的。他提出了认知发展阶段理论,将个体的认知发展分为四个阶段:

(1)感知运动阶段。这一阶段婴儿的主要特征有:①感觉和动作的分化;②“客体永久性”的形成;③问题解决能力开始得到发展;④延迟模仿的产生。

(2)前运算阶段。这一阶段儿童思维的特征有:①早期的信号功能;②自我中心性(中心化);③不可逆运算;④不能够推断事实;⑤泛灵论;⑥不合逻辑的推理;⑦不能理顺整体和部分的关系;⑧认知活动具有具体性,还不能进行抽象的思维运算。

(3)具体运算阶段。这一阶段儿童思维的特征有:①去自我中心性(去中心化);②可逆性;③守恒;④分类;⑤序列化。

(4)形式运算阶段。这一阶段儿童思维的特征有:①命题之间的关系;②假设—演绎推理;③类比推理;④抽象逻辑思维;⑤可逆与补偿;⑥反思能力;⑦思维的灵活性;⑧形式运算思维的逐渐发展。

8. 简述影响认知发展的因素。

(1)成熟;(2)练习和经验(自然经验);(3)社会性经验;(4)平衡。

9. 简述维果斯基的最近发展区。

维果斯基认为,儿童有两种发展水平:一是儿童的现有水平,即由一定的已经完成的发展系统所形成的儿童心理机能的发展水平;二是可能达到的发展水平。这两种水平之间的差异,就是最近发展区。

10. 简述维果斯基关于教学与发展的关系。(常考)

(1)在维果斯基看来,教学的可能性由学生的最近发展区决定。“教学应该走在发展的前面”有两层含义:①教学在发展中起主导作用;②教学创造着最近发展区。

(2)教学应该走在发展的前面说明了儿童发展的可能性,其意义在于:指导教育者不应只看到儿童今天已达到的发展水平,还应看到仍处于形成的状态,正在发展的过程。教学的最佳效果产生于“最近发展区”。

11. 简述支架式教学的方式。

(1)把学生要学习的内容分割成许多便于掌握的片段;

(2)向学生示范要掌握的技能;

(3)提供有提示的练习等。需要注意的是,教师提供的支持和帮助要合适。

专题三　中小学生人格、社会化发展与教育

1. 简述人格的基本特征。

(1)独特性;(2)稳定性;(3)整合性;(4)功能性;(5)社会性。

2. 简述弗洛伊德提出的人格结构说。

弗洛伊德认为,人格由本我、自我和超我三部分构成。

(1)本我。本我位于人格结构的最底层,指最原始的与生俱来的潜意识的结构部分。它遵循快乐原则。

(2)自我。自我是从本我中逐渐分化出来的,位于人格结构的中间层。它遵循现实原则,以合理的方式来满足本我的要求。

(3)超我。超我位于人格结构的最高层,是道德化了的自我,由社会规范、伦理道德、价值观念内化而来,其形成是社会化的结果。超我遵循道德原则。

3. 人格形成和发展的影响因素有哪些?(常考)

(1)生物遗传因素。(2)社会因素。①家庭教养方式;②学校教育;③同伴群体。(3)个人主观因素。

4. 简述小学生自我意识的发展趋势。

小学生的自我意识在教育和社会化过程中得到不断的发展,但是自我意识水平还不高,具体表现特

点如下：

(1)小学生自我意识的总体水平在不断发展，但发展不是直线均匀的。一年级到三年级是一个上升期，三年级到五年级是相对平稳阶段，五年级到六年级处于第二个上升时期。

(2)自我认识水平不断发展，已经分化为对身体自我的认识和对心理自我的认识，由对外部行为的认识转向对内部品质的认识。

(3)小学生的自我评价水平逐步提高。

(4)小学生的自尊水平在不断地分化和发展。从小学低年级开始，小学生的自尊就逐步分化为学业自尊、社会交往自尊和身体自尊三种，此后三方面的自尊又不断地分化。

(5)小学生自我控制的水平也在不断发展，逐渐由他律转向自律，到高年级开始使用内化的行为准则来监督、调节和控制自己的行为。

5. 简述个体自我意识发展的主要途径。

(1)通过认识别人，把别人与自己加以对照来认识自己；

(2)通过分析别人对自己的评价来认识自己；

(3)通过考察自己的言行和活动的成效来认识自己；

(4)通过自我监督与自我教育来完善自己。

6. 简述初中生自我意识的发展特点。

(1)初中生的自我体验随着年龄的增长而不断发展。主要表现在:①出现成人感;②自尊感增强;③出现自卑感。

(2)自我开始分化。开始分成“主我”和“客我”或“理想的自我”和“现实的自我”。

(3)能够更自觉地评价别人的和自己的个性品质,但评价别人和自己的个性品质的能力与高中生相比,水平还不高,而且也不稳定。

7. 简述高中生自我意识的发展特点。

(1)自我意识中独立意向的发展;

(2)自我意识的组成成分分化;

(3)强烈地关心着自己的个性成长;

(4)自我形象受到了空前的关注;

(5)自我评价逐渐成熟;

(6)自尊心强。

高中生在自我观察、自我评价、自我体验、自我监督、自我控制等自我意识的诸成分上都获得了高度的发展,并趋于成熟。

8. 简述埃里克森的心理社会发展阶段理论。(易混)

(1)基本的信任感对基本的不信任感(0~1.5岁);

(2)自主感对羞耻感(2~3岁);

(3)主动感对内疚感(4~5岁);

(4)勤奋感对自卑感(6～11岁);

(5)自我同一性对角色混乱(12～18岁)。

其他三个阶段分别为:亲密感对孤独感(成年早期)、繁殖感对停滞感(成年中期)、自我整合对绝望感(成年晚期)。

9. 简述小学生自我评价能力发展的具体表现。

(1)从顺从别人的评价发展到有一定独立见解的评价,评价的独立性随着年级的升高而提高;

(2)从比较笼统的评价发展到对自己的某个方面或多个方面的优缺点进行评价;

(3)开始具有对内心品质评价的倾向;

(4)自我评价的抽象概括性有了提高;

(5)自我评价的稳定性有了一定的发展。

专题四 学生的个别差异

1. 简述智力的个体差异。

(1)智力类型差异;

(2)智力发展水平的差异;

(3)智力表现早晚的差异。

2. 简述学生中常见的认知方式差异。(易错)

(1)场依存型与场独立型

场依存型的学生对客观事物的判断常以外部线索为依据,其态度和自我认知易受周围环境或背景(尤其是权威人士)的影响,往往不易独立地对事物做出判断,而是人云亦云,从他人处获得标准。

场独立型的学生对客观事物的判断常以自己的内部线索(经验、价值观)为依据,不易受到周围环境因素的影响和干扰,倾向于对事物的独立判断。

(2)冲动型与沉思型

冲动型学生面对问题时总是急于求成,不能全面细致地分析问题的各种可能性,有时还没弄清问题的要求,就开始对问题进行解答,解决问题时强调的是速度而非精度。

沉思型学生总是把问题考虑周全以后,再做反应。他们看重的是解决问题的质量,而不是速度。

(3)整体性与系列性

采取整体性策略的学生往往在开始阶段就对学习任务形成一个整体的看法,对学习过程中可能产生的问题与其将涉及的子问题以及自己将使用的方式、方法有一个初步的估计和预测。

采取系列性策略的学生常常将重点放在一系列的子问题上,一般使用循序渐进的方法解决问题。

(4)辐合型与发散型

辐合型认知方式是指在解决问题的过程中常表现出辐合思维的特征,表现为搜集或综合信息与知识,运用逻辑规律缩小解答范围,直到找到最合适的唯一正确解答。

发散型认知方式则是指在解决问题的过程中常

表现出发散思维的特征，表现为个人的思维沿着许多不同的方向发展，使观念发散到各个有关的方面，最终产生多种可能的答案而不是唯一正确的答案，因而容易产生有创见性的新颖观念。

(5)具体型与抽象型

具体型的学生在进行信息加工时，善于比较深入地分析某一具体观点或情境，但必须把尽可能多的信息提供给他们，否则很容易使他们产生偏见。

抽象型的学生在对事物进行认知时，能够看到某个问题或论点的众多方面，可以避免刻板印象，能够容忍情境的模糊性并能进行抽象程度较高的思考。

3. 简述学生认知差异的教育意义。(常考)

(1)创设适应学生认知差异的教学组织形式；

(2)采用适应认知差异的教学方式，努力使教学方式个别化；

(3)运用适应认知差异的教学手段。

4. 简述特殊儿童的分类。

(1)智力超常儿童：智商超过130的儿童。

(2)弱智儿童：智商低于70的儿童，又称智力落后儿童。

柯克将智力落后儿童分为三类：可教育的智力落后，智商55~70。可训练的智力落后，智商25~55。严重的智力落后，智商25以下，往往伴随有严重的身体缺陷。

(3)学习困难学生:感官和智力正常而学习结果远未达到教学目标的学生。

(4)聋、哑、盲儿童。

5. 简述奥尔波特的性格特征分类。

奥尔波特将性格特征分为共同特质和个人特质。

(1)共同特质是在同一文化形态下的群体所共同具有的特质,它是在共同的生活方式下形成的。

(2)个人特质是个人所独有的、代表个人行为倾向的特质,它包括首要特质、中心特质和次要特质。

首要特质是一个人最典型、最具有概括性的特质,它影响一个人的各方面的行为。

中心特质是构成个体独特性的几个重要特质,在每个人身上大约有5~10个。

次要特质也是人格的组成因素,是个体的一些不太重要的特质,往往只有在特殊的情况下才会表现出来。

6. 简述学生的性格差异及其教育意义。(常考)

学生的性格差异包括性格的特征差异和性格的类型差异。

学生性格差异的教育意义包括:

(1)性格虽然不会决定学习是否发生,但它却会影响学生的学习方式。性格也可作为动力因素影响学习的速度和质量。性格的个别差异又会影响学生对学习内容的选择,而且还会影响学生的社会性学习和个体社会化。

(2)为了促进学生的全面发展,学校教育应更重视情感因素的作用,使教育内容的选择和组织更好地适应学生的性格差异。

专题五 学习理论

1. 如何理解学习的内涵?

(1)学习实质上是一种适应活动;

(2)学习是人和动物共有的普遍现象;

(3)学习是由反复经验引起的;

(4)学习是有机体后天习得经验的过程;

(5)学习的过程可以是有意的,也可以是无意的;

(6)学习引起的是相对持久的行为或行为潜能的变化。

2. 简述人类的学习和动物学习的本质区别。

(1)人类的学习是一个积极、主动的建构过程;

(2)人类的学习是掌握社会历史经验和个体经验的过程;

(3)人类的学习是在社会活动中,以语言为中介来实现的。

3. 简述加涅按学习结果划分的学习类型。

按学习结果,心理学家加涅将学习分为五种类型。

(1)智慧技能的学习,指运用符号或概念与环境交互作用的能力的学习。

(2)认知策略的学习,指调控自己的注意、学习、记忆和思维等内部心理过程的技能的学习。

(3)言语信息的学习,指有关事物的名称、时间、地点、定义以及特征等方面的事实性信息的学习。

(4)动作技能的学习,指通过身体动作的质量的不断改善而形成整体动作模式的学习。

(5)态度的学习,指影响个人对人、事、物采取行动的内部状态。

这五项内容分属于三个领域:前三项内容属于认知领域;第四项内容属于动作技能领域;第五项内容属于情感领域。加涅认为,上述五类学习不存在等级关系,其顺序是随意排列的,它们是范畴各不相同的学习。

记忆技巧:认知领域有三宝,言语智慧有策略,情态动作皆结果。

4. 简述奥苏贝尔关于学习的分类。

奥苏贝尔从两个维度对学习做了区分:

(1)从学生学习的方式上,将学习分为接受学习与发现学习;

(2)从学习内容与学习者认知结构的关系上,又将学习分为有意义学习和机械学习。

5. 简述小学生学习的特点。(易错)

(1)直观—操作性。小学生通过对实物、模型及形象性的言语的直接感知、对学习材料的直接操作来获取基本的经验与基本的态度。

(2)指导—模仿性。小学生的学习活动是在教师的指导下,通过对教师的教授活动及其他同伴的学习活动的模仿而获得的。

(3)基础—再现性。小学生的学习是以获取和再现人类知识体系中的最基础的部分、形成必要的行为规范、内化基本的生活态度为目的的,而不是以掌握当代的前沿性的知识经验或创造、发现新的知识领域为目的。

6. 学生学习的特点是什么?(常考)

观点一:(1)学习形式:接受学习是学习的主要形式,具有目的性、计划性和组织性;

(2)学习过程:学习过程是主动构建过程,具有自主性、策略性和风格性,是师生互动的过程;

(3)学习内容:以系统学习人类的间接知识经验为主,具有间接性;

(4)学习目标:具有全面性、多重目的性;

(5)学生的学习具有一定程度的被动性。

观点二:(1)学生的学习是在教师指导下展开的;

(2)学生的学习以掌握间接经验为主;

(3)学生的学习是为了促进全面发展;

(4)学生的学习是为未来的实践做准备的。

7. 简述巴甫洛夫的经典性条件作用理论的主要规律。

(1)获得与消退

获得:条件作用是通过条件刺激反复与无条件刺激相匹配,从而使个体学会对条件刺激做出条件反应的过程而建立起来的。

消退:在条件反射建立以后,如果条件刺激重复出现多次而没有无条件刺激相伴随,则条件反应会变得越来越弱,并最终消失。

(2)泛化与分化

机体对与条件刺激相似的刺激做出条件反应,属于刺激的泛化。

如果只对条件刺激做出条件反应,而对其他相似刺激不做反应,则出现了刺激的分化。

8. 简述桑代克的联结—试误学习理论。

(1)学习的实质——形成情境与反应的联结;

(2)学习的过程——一种渐进的、盲目的、尝试错误的过程;

(3)学习要遵循三条重要的原则:准备律、练习律、效果律。

9. 简述桑代克提出的学习要遵循的三条重要原则。

(1)准备律是指联结的加强或削弱取决于学习者的心理准备和心理调节状态;

(2)练习律是指刺激与反应之间的联结会由于重复或练习而加强,不重复不练习,联结的力量就会减弱;

(3)效果律是指刺激和反应之间的联结可因导致满意的结果而加强,也可因导致烦恼的结果而减弱。

10. 简述操作性条件作用的基本规律。(易混)

(1)强化

①正强化(积极强化):通过呈现想要的愉快刺激来增强反应频率;

②负强化(消极强化):通过消除或中止厌恶、不愉快刺激来增强反应频率。

(2)逃避条件作用与回避条件作用

①逃避条件作用:指当厌恶刺激出现时,有机体做出某种反应,从而逃避了厌恶刺激,则该反应在以后的类似情境中发生的概率便增加的一类条件作用。

②回避条件作用:指当预示厌恶刺激即将出现的刺激信号呈现时,有机体自发地做出某种反应,从而避免了厌恶刺激的出现,则该反应在以后的类似情境中发生的概率便增加的一类条件作用。

(3)消退

消退是指条件刺激形成以后,如果得不到强化,条件反应会逐渐减弱,直至消失的现象。

(4)惩罚

惩罚是指当有机体做出某种反应以后,呈现一个厌恶刺激,以消除或抑制此反应的过程。

11.简述斯金纳的程序教学理论。

(1)程序教学的基本原理:程序教学是一种个别化的教学形式,斯金纳将要学习的大问题分解为一系列小问题,并将其按一定的程序编排呈现给学生,要求学生学习并回答问题,学生回答问题后及时得到反馈信息。程序教学的基本原理是采用连续接近法,通过设计好的程序不断强化,使学生形成教育者希望的行为模式。

(2)程序教学的原则:①小步子原则;②积极反应原则;③自定步调原则;④及时反馈原则;⑤低错误率原则。

12.简述班杜拉的社会学习理论。

(1)班杜拉认为学习的实质是观察学习。

(2)班杜拉把观察学习的过程分为注意、保持、复现和动机四个子过程。

(3)班杜拉对强化进行了重新解释。将强化分为直接强化、替代强化和自我强化。

13.简述班杜拉对强化的解释。(常考)

(1)直接强化。直接强化是指观察者因表现出观察行为而受到强化。

(2)替代强化。替代强化是指观察者因看到榜样的行为被强化而受到强化。

(3)自我强化。自我强化是指对自己表现出的符合或超出标准的行为进行自我奖励。

14. 简述格式塔学派的完形—顿悟学习理论。/简述苛勒顿悟说的基本内容。

(1)学习的实质——形成新的完形。从学习的结果来看,学习并不是形成刺激—反应的联结,而是形成了新的格式塔(完形)。

(2)学习的过程——顿悟过程。从学习的过程来看,学习是通过顿悟过程实现的。

①学习不是简单地形成由此及彼的神经通路的联结活动,而是在头脑里主动积极地对情境进行组织的过程;

②学习过程中知觉的重新组织,不是渐进的尝试错误的过程,而是突然的顿悟。

15. 简述桑代克的联结—试误学习理论与完形—顿悟学习理论的联系。

(1)联结—试误往往是顿悟的前奏,顿悟则是练习到某种程度时出现的结果。

(2)联结—试误和顿悟在人类学习中均极为常见,它们是两种不同方式、不同阶段或不同水平的学习类型。

(3)一般来说,简单的、主体已有经验可循的问题解决,往往不需要进行反复的联结—试误;而对于复杂的、创造性的问题解决，大多需要经过联结—试误的过程，方能产生顿悟。

16. 简述托尔曼的“潜伏学习”及其对教学实践的启示。

潜伏学习是指动物在没有强化的条件下学习也会发生，只不过结果不太明显，是“潜伏”的。一旦受到强化，具备了操作的动机，这种结果才通过操作而明显表现出来。

托尔曼对“潜伏学习”的发现，对我们的教学实践有一定的启示：

(1)在教学中，不仅要注意学生学习的外显行为状态和表面现象，而且要注意了解学生潜伏的学习积极性和认知探究倾向；

(2)在教学中，要充分地利用和发挥学生学习的潜在积极性，配合适当的鼓励和强化手段，调动学生最大的学习热情，提高教学效率和学习效果。

17. 简述认知—结构教学论的内容。/简述布鲁纳的认知—发现学习理论。(常考)

(1)学习观。①学习的实质在于主动形成认知结构；②学习包括获得、转化和评价三个过程。

(2)教学观。①教学的目的在于理解学科的基本结构；②掌握学科的基本结构的教学原则，主要有动机原则、结构原则、程序原则、强化原则。

(3)发现学习。布鲁纳认为，发现是教育儿童的主要手段,学生掌握学科的基本结构的最好方法是发现学习。

18. 简述发现学习的作用。

(1)能提高智慧的潜力;

(2)有助于外在动机向内在动机的转化;

(3)有利于学生学会发现探索的方法;

(4)有利于所学材料的保持。

19. 简述影响发现学习的几个因素。

(1)学生的先前知识;

(2)学生的智力水平;

(3)学习材料的性质;

(4)教师的指导;

(5)教学时间。

20. 简述布鲁纳提出的掌握学科的基本结构的教学原则。

(1)动机原则;

(2)结构原则;

(3)程序原则;

(4)强化原则。

记忆技巧:冻(动机原则)结城(程序原则)墙(强化原则)。

21. 简述奥苏贝尔有意义学习的本质。

有意义学习的本质就是以符号为代表的新观念与学习者认知结构中原有的适当观念建立起非人为

的和实质性的联系的过程，是原有观念对新观念加以同化的过程。

22. 什么是先行组织者？简述其类型及功能。（常考）

（1）先行组织者是指先于某个学习任务本身呈现的引导性学习材料。先行组织者的抽象、概括和综合水平高于学习任务，并与认知结构中的原有观念及新的学习任务相关联。

（2）先行组织者可以分为两类：说明性组织者（陈述性组织者）和比较性组织者。

（3）先行组织者的功能：先行组织者的主要功能是在学生能够有意义地接受学习新内容之前，在新旧知识之间架设起桥梁，使新旧知识清晰地联系起来，为学习新知识提供认知框架或固着点。

23. 简述奥苏贝尔有意义学习的条件。（常考）

（1）客观条件，是指受学习材料本身性质的影响。有意义学习的材料本身必须合乎这种非人为的和实质性的标准，即具有逻辑意义。教材一般符合此要求。

（2）主观条件，是指受学习者自身因素的影响。

①学习者必须具有有意义学习的心向；

②学习者认知结构中必须具有适当的知识，以便与新知识进行联系；

③学习者必须积极主动地使这种具有潜在意义的新知识与认知结构中有关的旧知识发生相互作用，

使旧知识得到改造，新知识获得实际意义，即心理意义。

24. 简述加涅的学习过程的阶段性。/加涅的信息加工学习理论提出的学习过程包括哪八个阶段？（常考）

(1)动机阶段；(2)了解（领会）阶段；(3)获得阶段；(4)保持阶段；(5)回忆阶段；(6)概括阶段；(7)操作阶段；(8)反馈阶段。

记忆技巧：东（动机）街（了解）活（获得）宝（保持）会（回忆）盖（概括）作（操作）坊（反馈）。

25. 简述加涅教学过程的九个教学事件。

加涅将教学过程分为九个教学事件：

(1)引起注意；

(2)告诉学习者目标；

(3)刺激对先前学习的回忆；

(4)呈现刺激材料；

(5)提供学习指导；

(6)诱导学习表现(行为)；

(7)提供反馈；

(8)评价表现；

(9)促进记忆和迁移。

26. 简述人本主义学习理论关于学生中心的教学观的主要内容。

(1)人本主义学习理论认为教育与教学过程就是

要促进学生的个性发展,发挥学生的潜能,培养学生学习的积极性与主动性。

(2)学生中心模式又称为非指导性教学模式。在这个模式中,教师最富有意义的角色不是权威,而是“助产士”和“催化剂”。

(3)罗杰斯认为,促进学生学习的关键不在于教师的教学技巧,而在于特定的心理氛围。它包括:①真实或真诚;②尊重、关注和接纳;③移情性理解。

27. 简述非指导性教学的基本特征。

以“自我实现”为根本宗旨的“非指导性教学”倡导“有意义的经验学习”,倡导“自发学习”和“自由学习”。它不仅是一种教学策略,更是一种教学模式、教学思想。这种教学模式的基本特征可概括如下:

(1)极大地依赖于个体成长、健康与适应的内驱力,坚决排除各种妨碍学生成长和发展的障碍。

(2)强调情感因素,强调教学情境的情感方面而不是理智方面。

(3)强调学生“此时此刻”的情形,而不关心他过去的情感和经验。

(4)强调本身就能促进学生经验生长的人际接触和人际关系。

28. 建构主义学习理论的基本观点有哪些?(常考)

(1)建构主义知识观;

(2)建构主义学习观;

(3)建构主义教学观;

(4)建构主义学生观;

(5)建构主义教师观。

29. 简述建构主义的知识观。

建构主义在一定程度上对知识的客观性和确定性提出质疑,强调知识的动态性。

(1)建构主义认为知识并不是问题的最终答案,而是随着人类进步而不断改正并随之出现的新的假设和解释;

(2)知识并不能精确地概括世界的法则,而是需要针对具体情境进行再创造。

30. 简述建构主义学习观的主要观点。(常考)

建构主义在学习观上强调学习的主动建构性、社会互动性和情境性三方面。

(1)学习的主动建构性是指学生能够主动地对已有知识经验进行综合、重组和改造,从而用以解释新信息,并最终建构属于个人意义的知识内容。

(2)社会互动性主要表现为:学习是通过对某种社会文化的参与而内化相关的知识和技能、掌握有关工具的过程,这一过程常常需要通过一个学习共同体的合作互动来完成。

(3)学习的情境性主要指学习、知识和智慧的情境性,认为知识是不可能脱离活动情境而孤立存在的。只有通过实际应用活动,知识才能真正被理解。

31. 简述抛锚式教学及其教学环节的基本步骤。

（1）抛锚式教学模式指以问题为中心，将知识抛锚在一定的问题情境中，以激发学生的好奇心和创造力的教学模式。

（2）抛锚式教学的操作阶段包括：

①教师介绍学习目的，呈现学习内容；

②将不同类型的“锚”呈现给学生；

③教师引导学生识别问题、分解问题并制订问题解决计划；

④学生分组，进行问题解决；

⑤教师进行整体评价。

32. 简述支架式教学的基本观点及其教学的基本环节。

（1）基本观点：支架式教学应当为学习者建构对知识的理解提供一种概念框架。这种框架中的概念是为发展学习者对问题的进一步理解所需要的。

（2）基本环节：①进入情境；②搭建支架，引导探索；③学生独立探索；④协作学习；⑤效果评价。

33. 简述随机通达教学的基本原理及其步骤。

（1）基本原理：对于同一教学内容，要在不同时间、在重新安排的情境下、带着不同的目的、从不同的角度多次进行学习，以此来达到获得高级知识的目标。

（2）操作步骤：①呈现情境；②随机进入学习；

③思维发散训练;④协作学习;⑤效果评价。

34. 简述建构主义对当前教育实践的启示。

(1)从建构主义的知识观出发,建构主义强调知识是个体对于现实的理解和假设,其受到特定经验和文化等的影响,因此每个人对知识所建构的理解都是不同的。教师在教育教学过程中应当要更加重视学生的个性化特点,因材施教。

(2)从教学的角度来看,建构主义认为学习就是主体对学习客体的主动探索、不断变革,从而建构对客体意义理解的过程。因此,在教学中应当注意学生的有意义建构,通过适当的教学策略启发学生能够自主建构认知结构。

(3)从学习者的角度出发,建构主义认为学生是意义的主动建构者,而不是外部刺激的被动接受者和被灌输的对象。因此,在教学过程中除了传统知识的传授,还应当充分发挥学生的主体地位,强调学生的自主性和能动性,在学习过程中能够主动发现、分析、解决问题。

专题六 学习动机

1. 什么是学习动机?学习动机的基本成分是什么?

学习动机是指激发个体进行学习活动,维持已引起的学习活动,并使行为朝向一定学习目标的一种心理倾向或内部动力。学习动机是直接推动学生进行学习的内部动力。

学习动机的两个基本成分是学习需要与学习期待。

2. 奥苏贝尔认为学校情境中的成就动机由哪几个方面组成？并做简要说明。（常考）

根据学校情境中的学业成就动机的不同，奥苏贝尔等人把动机分为认知内驱力、自我提高内驱力和附属内驱力三个方面。

（1）认知内驱力，指要求了解、理解和掌握知识以及解决问题的需要。一般来说，这种内驱力大多是从好奇倾向中派生出来的。

（2）自我提高内驱力，指个体因自己的胜任或工作能力而赢得相应地位的需要。

（3）附属内驱力，指个体为了获得长者们（如家长、教师）的赞许或认可而表现出把工作、学习做好的一种需要，是一种间接的学习需要。

3. 简述学习动机与学习效果的关系。（常考）

（1）学习动机对学习效果的影响：

①总体而言，在一般情况下，学习动机与学习效果的关系是一致的。

②对一项具体的学习活动而言，只有当学习动机的强度处于最佳水平时，才能产生最好的学习效果。

（2）学习效果对学习动机的影响：

学习效果反作用于学习动机。所学知识的增多、学习成就的取得可以进一步激发学生的好奇心、求知欲，进一步提高学生的自信心等，从而增强学生进一步学习的学习动机。

4. 简述动机强度与工作效率的关系。/简述耶克斯—多德森定律的基本内容。（常考）

（1）动机的最佳水平随着任务性质的不同而不同。在比较容易的任务中，行为效果（工作效率）随着动机的提高而上升；随着任务难度的增加，动机的最佳水平有逐渐下降的趋势。

（2）一般来讲，最佳水平为中等强度的动机。

（3）动机水平与行为效果呈倒U型曲线。

5. 简述学习动机的强化理论。

动机是由外部刺激引起的一种对行为的冲动力量，强化是引起动机的重要因素。人的学习行为倾向完全取决于某种行为与刺激因强化而建立的稳固联系，受到强化的行为比没受到强化的行为更倾向于再次出现。

行为主义的学习动机理论对学校教育的实际活动有着广泛的影响，主要表现为采用强化原则，通过奖励与惩罚的措施来维持学生的学习动机。在教育上广为流行的程序教学与计算机辅助教学的心理基础，就是通过强化原则来维持学生的学习动机。但是，强化理论只讨论外部因素或环境刺激对行为的影响，忽略了人的内在因素和主观能动性对环境的反作用。

6. 需要层次理论对学习动机的培养有何启发？

(1)教师发现学生行为异常时，要了解学生的日常状况，看低级的生理需要是否得到满足；

(2)生理需要和安全需要是保证学生进行有效学习的前提条件；

(3)归属与爱的需要是学生交往的动力；

(4)尊重需要是推动学生学习的重要动力；

(5)求知需要就是学习动机，审美需要在很大程度上也是学习动机，它们推动人去求真、求善、求美；

(6)自我实现的需要推动人发挥自己的潜能，是学校教育应该重点加以培养的。

7. 简述成就动机理论。

成就动机理论的主要代表人物是美国心理学家阿特金森。

阿特金森把个体的成就动机分为两类：力求成功的动机和避免失败的动机。

力求成功者的目的是获取成就，即通过各种活动努力提高自尊心和获得心理上的满足，成功概率为50%的任务是他们最有可能选择的。

避免失败者则往往通过各种活动防止自尊心受伤害和产生心理烦恼，倾向于选择非常容易或非常困难的任务。

8. 简述成就动机理论对教育的启示。

(1)在教育实践中，对于力求成功者，应通过给予新颖且有一定难度的任务，安排竞争的情境，严格评定分数等方式来激发其学习动机；

(2)对于避免失败者，则要安排少竞争或竞争性不强的情境，如果取得成功则要及时表扬并给予强化，评定分数时要求稍稍放宽些，并尽量避免在公共场合下指责其错误。

(3)由于力求成功的动机比避免失败的动机具有更大的主动性，因此，对学生还应增加他们力求成功的成分，使他们不以避免失败为满足，而以获取成功为快乐，这样才能真正调动一个人的积极性。

9. 根据韦纳的成败归因理论，谈谈如何帮助学生正确归因以提高学习成绩。（常考）

(1)教师根据学生的自我归因可预测其此后的学习动机；

(2)长期消极的归因不利于学生的人格成长，这就需要教师利用反馈的作用，并在反馈中给予鼓励和支持，帮助学生正确归因，重塑自信；

(3)通过归因训练改变学生消极的自我认识，提高学习动机。

10. 什么是习得性无力感？习得性无力感产生的过程有哪些？

(1)习得性无力感简称无力感，指由于连续的失败体验而导致个体产生的对行为结果感到无力控制、无能为力的心理状态。

(2)无力感的产生过程可以分为四个阶段：

①获得体验；

②在体验的基础上进行认知；

③形成“将来结果也不可控”的期待；

④表现出动机、认知和情绪上的损害，影响后来的学习。

11. 什么是自我效能感？影响自我效能感的因素有哪些？(常考)

自我效能感是指人对自己能否成功从事某一成就行为的主观判断。

自我效能感的影响因素：(1)个人自身行为的成败经验；(2)替代经验；(3)言语暗示；(4)情绪唤醒。

12. 简述自我效能感的作用。

(1)决定人们对活动的选择，以及对活动的坚持性；

(2)影响人们在困难面前的态度；

(3)自我效能感不仅影响新行为的习得，而且影响已习得行为的表现；

(4)自我效能感还会影响活动时的情绪。

13. 简述激发学生学习动机的方法。(常考)

(1)创设问题情境，激发兴趣，维持好奇心；

(2)设置合适的目标；

(3)根据作业难度，恰当控制动机水平；

(4)表达明确的期望；

(5)提供明确的、及时的、经常性的反馈；

(6)合理运用外部奖赏；

(7)有效地运用表扬；

(8)对学生进行竞争教育，适当开展学习竞争。

14. 教师运用竞争对学生进行教育时，有哪些注意事项？

(1)教师要教育学生认识竞争的利弊，教给学生公平竞争的手段；

(2)按学生的能力等级进行竞争；

(3)进行多指标竞争，让每个人都获得成就感；

(4)提倡团体竞争；

(5)鼓励个人的自我竞争和团体的竞争。

15. 简述激发与培养内部学习动机的措施。

(1)激发兴趣，维持好奇心；

(2)设置合适的目标；

(3)培养恰当的自我效能感；

(4)训练归因。

16. 在学习过程中，学生对学习成败的归因会对他们的学习产生影响，应如何引导学生进行合理的归因？

(1)“努力归因”，无论成功或失败都归因于努力与否的结果。因为学生将自己的成败归因于努力与否会提高学生学习的积极性，当学习困难或成绩不佳时，一般不会因一时的失败而降低将来会取得成功的期望。

(2)“现实归因”，针对一些具体问题引导学生进行现实归因，以帮助学生分析除努力这个因素外，影响学习成绩的因素还有哪些，是智力、学习方法，还是家庭环境、教师等因素。这些因素在多大程度上影响其学习成绩，并尽力指出解决这些问题的方法，以提高学生克服困难的勇气，增强自信心。这种归因训练的好处在于，在学生做“努力归因”时联系现实，在做“现实归因”时又强调努力。

17. 如何培养学生的学习动机？（易混）

(1)了解和满足学生的需要，促进学习动机的产生；

(2)重视立志教育，对学生进行成就动机训练；

(3)帮助学生确立正确的自我概念，获得自我效能感；

(4)培养学生努力导致成功的归因观；

(5)培养对学习的兴趣；

(6)利用原有动机的迁移，使学生产生学习的需要。

专题七　学习策略

1. 简述学习策略的特征。

(1)主动性；(2)有效性；(3)过程性；(4)程序性。

2. 列举学习策略的种类。（常考）

学习策略是指学习者为了提高学习的效果和效率，有目的、有意识地制定有关学习过程的复杂的方案。

迈克卡等人将学习策略区分为三种，并对它们之间的层次关系进行了分析。他们认为，学习策略可分为认知策略、元认知策略和资源管理策略三种。

（1）认知策略是信息加工的策略，包含复述策略、精加工策略、组织策略。

（2）元认知策略是对信息加工过程进行调控的策略。

（3）资源管理策略是辅助学生管理可用的环境和资源的策略，对学生的动机具有重要的作用。

3. 简述常用的复述策略。

（1）在复述的时间上，采用及时复习、分散复习；

（2）在复述的次数上，强调过度学习；

（3）在复述的方法上，包括运用有意识记和无意识记、排除相互干扰、运用多种感官协同记忆、整体识记与部分识记相结合、复习形式多样化、画线等。同时，要注意保持积极的心向、态度和兴趣。

4. 简述精加工策略的常用方法。

（1）记忆术；（2）做笔记；（3）提问；（4）生成性学习；（5）运用背景知识，联系客观实际。

5. 列举出六个常用的记忆术。

(1)形象联想法;(2)谐音联想法;(3)首字连词法;(4)位置记忆法;(5)缩简和编歌诀;(6)关键词法。

6. 什么是元认知?元认知策略有哪些?(常考)

(1)元认知就是对认知的认知,具体地说,是个人关于自己认知过程的知识和调节这些过程的能力。

(2)学习的元认知策略大致可分为计划策略、监控策略和调节策略三种。

7. 简述学习策略中资源管理的具体策略。

(1)时间管理策略;

(2)环境管理策略;

(3)努力管理策略;

(4)学业求助策略。

8. 如何指导学生进行学习时间的管理?/如何合理地对时间进行管理?

(1)统筹安排学习时间。

(2)高效利用最佳时间。

①要根据自己的生物钟安排学习活动;

②要根据一周内学习效率的变化安排学习活动;

③要根据一天内学习效率的变化安排学习活动。

此外,要根据自己的工作曲线安排学习活动。

(3)灵活利用零碎时间。

9. 简述努力管理策略的内容。

(1)激发内在的动机;

(2)树立正确的学习信念；

(3)选择有挑战性的任务；

(4)调节成败的标准；

(5)正确归因；

(6)自我奖励。

10. 简述学习策略的训练原则。

(1)主体性原则；

(2)内化性原则；

(3)特定性原则；

(4)生成性原则；

(5)有效监控原则；

(6)个人效能感原则。

记忆技巧：煮(主体性)花(内化性)生特有效。

11. 简述训练学习策略的教学模式。

(1)指导教学模式；

(2)程序化训练模式；

(3)完形训练模式；

(4)交互式教学模式；

(5)合作学习模式。

专题八　学习迁移

1. 学习迁移主要有哪些类型？(易混)

(1)根据迁移的性质和结果，可分为正迁移、负迁移和零迁移；

正迁移也叫“助长性迁移”，是指一种学习对另一种学习的促进作用。

负迁移也叫“抑制性迁移”，是指一种学习对另一种学习产生阻碍作用。

两种学习也可能不发生影响，这种状态称为零迁移，它是迁移的一种特殊形式。

（2）根据迁移发生的方向，可分为顺向迁移和逆向迁移；

顺向迁移是指先前学习对后继学习产生的影响。

逆向迁移是指后继学习对先前学习产生的影响。

（3）根据迁移内容的抽象和概括水平不同，可分为水平迁移和垂直迁移；

水平迁移也叫横向迁移，是指先行学习内容与后继学习内容在难度、复杂程度和概括层次上属于同一水平的学习活动之间产生的影响。

垂直迁移也称纵向迁移，是指先行学习内容与后续学习内容是不同水平的学习活动之间产生的影响。

（4）根据迁移内容的不同，可分为一般迁移和具体迁移；

一般迁移也称非特殊迁移、普遍迁移，是指一种学习中所习得的一般原理、原则和态度对另一种具体内容学习的影响，即原理、原则和态度的具体应用。

具体迁移也称特殊迁移，是指学习迁移发生时，学习者原有的经验组成要素及其结构没有变化，只是将一种学习中习得的经验要素重新组合并移用到另一种学习之中。

(5)根据迁移过程中所需的内在心理机制的不同，可分为同化性迁移、顺应性迁移和重组性迁移。

同化性迁移是指不改变原有的认知结构，直接将原有的认知经验应用到本质特征相同的一类事物中去。

顺应性迁移指将原有认知经验应用于新情境中时，需调整原有的经验或对新旧经验加以概括，形成一种能包容新旧经验的更高一级的认知结构，以适应外界的变化。

重组性迁移指重新组合原有认知系统中某些构成要素或成分，调整各成分间的关系或建立新的联系，从而应用于新情境。

(6)根据迁移的程度，可分为自迁移、近迁移和远迁移。

如果个体所学的经验影响着相同情境中任务的操作，则属于自迁移。

近迁移主要指已习得的知识或技能在与原先学习情境相似的情境中加以运用。

远迁移是指已习得的知识或技能在新的不相似情境中的运用。

(7)根据迁移的路径，可分为低路迁移和高路迁移。

低路迁移是指以一种自发的或自动的方式所形成的技能的迁移。

高路迁移则是有意识地将某种情境中学到的抽象知识应用于另一种情境中的迁移。

2. 简述主要的迁移理论。

早期的迁移理论:(1)形式训练说;(2)相同要素说;(3)概括化理论;(4)关系理论。

当代的迁移理论:(1)认知结构迁移理论;(2)产生式理论;(3)情境性理论;(4)经验整合说。

3. 简述迁移的相同要素说。

桑代克等人认为,迁移是非常具体的、有条件的,需要有共同的要素。只有当两个机能的因素中有相同要素时,一个机能的变化才会改变另一个机能的习得。两种情境中的刺激相似、反应也相似时,迁移才会发生。两种情境中相同要素越多,迁移的量也就越大。

4. 简述迁移的概括化理论。

概括化理论也称经验类化说,由美国心理学家贾德提出,其主要观点是,一个人只要对自己的经验进行了概括,就可以完成从一个情境到另一个情境的迁移。他认为先前的学习之所以能迁移到后来的学习中,是因为在先前学习中获得了一般原理,这种一般原理可以部分或全部地运用于后继的学习中。对原理了解、概括得越好,迁移效果也越好。贾德在1908

年所做的"水下击靶"实验,是概括化理论的经典实验。

5. 简述迁移的关系转换说。

格式塔心理学家提出关系转换说,认为迁移是学习者突然发现两个学习经验之间关系的结果,是对情境中各种关系的理解和顿悟,而非由于具有共同成分或原理自动产生。

学习迁移的重点不在于掌握原理,而在于觉察到手段与目的之间的关系。他们认为学生"顿悟"情境中原理、原则之间的关系,特别是手段—目的之间的关系,是实现迁移的根本条件。

苛勒所做的"小鸡觅食"实验是支持关系转换说的经典实验。

6. 简述认知结构迁移理论。

奥苏贝尔在有意义接受学习理论的基础上提出了认知结构迁移理论,认为一切有意义的学习都是在原有认知结构的基础上产生的,不受原有认知结构影响的有意义学习是不存在的。一切有意义的学习必然包括迁移,迁移是以认知结构为中介进行的,先前学习所获得的新经验,通过影响原有认知结构的有关特征影响新学习。

认知结构迁移理论指出,学生学习新知识时,认知结构可利用性高、可辨别性大、稳定性强,就能促进对新知识学习的迁移。

7. 简述影响学习迁移的因素。（常考）

(1)学习材料的特点；

(2)原有的认知结构；

(3)对学习情境的理解；

(4)学习的心理准备状态(心向)；

(5)学习策略的水平；

(6)智力与能力；

(7)教师的指导。

记忆技巧：知情心，策智能，学点教导。

8. 简述原有认知结构对迁移的影响。

原有认知结构对迁移的影响表现在以下三个方面：

(1)学习者是否拥有相应的背景知识，这是迁移产生的基本前提条件；

(2)原有认知结构的概括水平对迁移起到至关重要的作用；

(3)学习者是否具有相应的认知技能或策略以及对认知活动进行调节、控制的元认知策略对迁移的产生有重要影响。

9. 什么是学习迁移，在教学中如何促进学生有效的迁移？/教师应如何做到“为迁移而教”？（常考）

学习迁移也称训练迁移，是指一种学习对另一种学习的影响，或习得的经验对完成其他活动的影响。

在教学中促进有效迁移的策略有：

(1)改革教材内容，促进迁移；

(2)合理编排教学方式，促进迁移；

(3)教授学习策略，提高学生的迁移意识；

(4)改进对学生的评价。

专题九 知识与技能的学习

1. 简述陈述性知识和程序性知识的区别。

(1)陈述性知识是关于"是什么"的知识；程序性知识是关于"怎样做"的知识。

(2)陈述性知识是相对静态的知识；程序性知识是体现在动态的操作过程中的知识。

(3)陈述性知识的提取和建构是一个有意地、主动地激活有关命题的过程，速度较慢；程序性知识一旦熟练，则可以自动执行，速度较快。

2. 简述陈述性知识的教学策略。

(1)吸引学生的注意；

(2)激活原有知识；

(3)促进选择性知觉；

(4)促进新旧知识相互作用；

(5)促进认知结构改组和重建；

(6)有效测量和评价陈述性知识的掌握状况。

3. 简述程序性知识学习的一般过程。

程序性知识学习的一般过程是从陈述性知识转

化为自动化的技能的过程，它主要由三个阶段构成：(1)陈述性阶段；(2)程序化阶段；(3)自动化阶段。

4. 简述知识学习的一般心理过程。

(1)知识的理解。知识的理解主要指学生运用已有的经验、知识去认识事物的种种联系、关系，直至认识其本质、规律的一种逐步深入的思维活动。它是学生掌握知识过程的中心环节。

(2)知识的巩固。知识的巩固是指将所理解的知识保持长久的记忆。

(3)知识的运用。知识的运用是指运用已有的知识去解决有关问题。

5. 简述知识应用与学习迁移的关系。

知识应用既是检验学生对知识的理解和保持的一种手段，也是使学生加深理解和巩固知识的重要方式。在知识应用过程中都有迁移现象，理论性知识如果不能迁移到具体情境中去，就不能实现应用。因此，在现代认知心理学中，知识的应用和知识的迁移属于同一性质的问题，或者说，人们正是通过知识的应用来实现知识的迁移的。

知识的应用与学习迁移既有联系也有区别，它们的区别表现在，知识应用是指用已有知识和理论去解决具体问题，而学习迁移则是指已有知识技能对新知识技能学习所产生的影响，涉及的面要宽一些。负迁移就不是知识的应用，由此可见，二者是不同的。

6. 简述知识学习的类型。

(1)根据知识本身的存在形式和复杂程度,知识学习可分为符号学习、概念学习和命题学习。

符号学习又称表征学习,是指学习单个符号或一组符号的意义。

概念学习是指掌握概念的一般意义,其实质是掌握一类事物的共同的本质属性和关键特征。

命题学习是指获得由几个概念构成的命题的复合意义,实际上是学习表示若干概念之间关系的判断。

(2)奥苏贝尔根据新知识与原有认知结构的关系,将知识学习分为下位学习、上位学习和并列结合学习。

下位学习又称类属学习,是一种把新的观念归属于认知结构中原有观念的某一部分,并使之相互联系的过程。

上位学习又称总括学习,是在学生掌握一个比认知结构中原有概念的概括和包容程度更高的概念或命题时产生的。

并列结合学习又称组合学习,是在新命题与认知结构中原有的命题既非下位关系又非上位关系,而是一种并列的关系时产生的。

7. 简述知识学习的过程。

知识学习主要是学生对知识的内在加工过程。

现代认知心理学认为，这一过程一般分为三个阶段：(1)知识的获得；(2)知识的保持；(3)知识的应用。

8. 在实际的教学过程中，主要的直观方式有哪些？（常考）

(1)实物直观，指在感知实际事物的基础上提供感性材料的直观教学方式；

(2)模像直观，指观察与教材相关的模型与图像（如图片、图表、幻灯片、电影、录像、电视等），形成感知表象；

(3)言语直观，指在生动形象的言语作用下唤起学生头脑中的表象，以提供感性材料的直观方式。

9. 如何提高知识直观的效果？（常考）

(1)灵活选用实物直观和模像直观；

(2)加强词和形象的配合；

(3)运用感知规律，突出直观对象的特点；

(4)培养学生的观察能力；

(5)让学生充分参与直观过程。

10. 简述感知规律的内容。

(1)强度律，指作为知识的物质载体的直观对象（实物、模像或言语）必须达到一定强度，才能为学习者清晰地感知。

(2)差异律，指对象和背景的差异越大，对象从背景中区分开来就越容易。

(3)活动律,指活动的对象较之静止的对象容易感知。

(4)组合律,指空间上接近、时间上连续、形状上相同、颜色上一致的事物,易于构成一个整体被人们清晰地感知。

11. 如何有效地对知识进行概括?

(1)配合运用正例和反例;

(2)正确运用变式;

(3)科学地进行比较;

(4)启发学生进行自觉概括。

12. 简述瞬时记忆的特点。

(1)时间极短。感觉记忆的信息贮存时间极短,大约为0.25~1秒。

(2)容量较大。

(3)形象鲜明。

(4)信息原始,记忆痕迹容易衰退。

13. 简述短时记忆的概念和特点。(常考)

(1)概念:短时记忆是指人脑中的信息在1分钟之内加工与编码的记忆,是信息从感觉记忆到长时记忆的过渡阶段。

(2)特点:①时间很短,不超过1分钟。②容量有限,一般是7±2个组块。③意识清晰。④操作性强。⑤易受干扰。

14. 影响知识理解的因素有哪些？

(1)客观因素

①学习材料的内容；

②学习材料的形式；

③教师言语的提示与指导。

(2)主观因素

①原有知识经验背景的影响；

②学生的能力水平；

③主动理解的意识与方法。

15. 为提高分阶段练习的成效，应采取的有效措施包括哪些？

(1)激发学习的积极性和主动性；

(2)注意原型的完备性、独立性和概括性；

(3)适应培养阶段的特征，正确使用言语；

(4)注意学生的个别差异；

(5)科学地进行练习。

16. 简述技能的特点。

(1)技能是学习得来的，不是本能行为；

(2)技能是一种活动方式，不同于知识；

(3)技能是合乎法则的活动方式，不同于一般的随意活动。

17. 简述技能与习惯的区别。

习惯是个体在一定情境下自动化地进行某种动

作的需要或特殊倾向。技能和习惯的区别在于:

(1)技能是越来越向一定的标准动作体系提高,而习惯则越来越保持原来的动作组织情况。习惯是保守的,技能则不断向一个标准趋近。

(2)技能有高级、低级之分,但没有好坏之别。习惯则不同,它根据对个人和社会的意义有好坏之分。

(3)技能和一定的情境、任务都有联系,而习惯只和一定的情境相联系。技能是主动的,需要时出现,不需要时就不出现;习惯则是被动的。

(4)技能要与一定的客观标准做对照,而与习惯做对照的,则只是上一次的动作。这就是说,技能形成中除了自己的动觉反馈外,还需要别的反馈,如外部感觉等。

18. 学生在动作技能的形成中会出现高原现象。什么是高原现象?形成的原因有哪些?

(1)通常把学生在学习过程中出现一段时间的学习成绩和学习效率停滞不前,甚至学过的知识感觉模糊的现象,称为“高原现象”。

(2)高原现象产生的原因有:①学习方法的固定化;②学习任务的复杂化;③学习动机减弱;④兴趣降低;⑤心理和生理上的疲劳;⑥意志不够顽强。

19. 简述影响动作技能形成的因素。

动作技能的形成受到多种因素的影响,我们把它分为动作技能学习的个人内部条件与外界环境条件。

(1)个人内部条件。主要包括学习动作技能的动机、相应的生理成熟水平和丰富的知识经验、正常的智力水平、良好的人格特征、适当的生理唤醒水平等。

(2)外界环境条件。主要包括科学的指导和练习等。

20. 任何复杂的动作技能都必须通过练习才能达到熟能生巧的程度。练习的方法主要有哪些?

(1)练习方式有多种,根据练习时间分配的不同有集中练习与分散练习。①集中练习是指长时间的持续练习,中间没有休息,直到掌握为止;②分散练习把练习分为若干阶段,在各个阶段之间插入一定的休息时间。一般来说,分散练习可以避免长时间练习所产生的疲劳或厌烦情绪,效果较佳。

(2)根据练习内容的完整性的不同有整体练习与部分练习。

(3)根据练习途径的不同有模拟练习、实际练习与心理练习等。

21. 简述操作技能的种类。

(1)连续的和不连续的操作技能。

连续的操作技能需要对外部情境进行不断地调节,而且完成的动作序列较长;

不连续的技能只包括较短的序列,其精确性可以计数。

(2)根据动作技能进行过程中外部条件是否变化,可将操作技能分为封闭的与开放的操作技能。

封闭的操作技能主要是根据个体内部的反馈信息来调节、完成的。

开放的操作技能主要依赖于周围环境提供的信息来调节、完成。

(3)细微型与粗放型操作技能

细微型操作技能是依靠小肌肉群的运动来实现的,一般不需要激烈的大运动,而依靠比较狭窄的空间领域进行手、脚、眼的巧妙的协调动作。

粗放型操作技能是依靠大肌肉群的运动来实现的,执行动作时伴随强有力的大肌肉收缩和通过全身运动的神经或肌肉协调动作。

(4)徒手型与器械型操作技能

凡是依靠操作自身的机体来实现的操作技能都属于徒手型操作技能。

依靠器械等来实现的操作技能属于器械型操作技能。

22. 简述动作技能与心智技能的关系。(常考)

(1)区别

动作技能:动作对象具有客观性,动作进行具有外显性,动作结构具有展开性;

心智技能：动作对象具有观念性，动作执行具有内潜性，动作结构具有简缩性。

（2）联系

①动作技能通常是心智技能形成的最初依据，心智技能的形成是以外部操作技能为基础，然后逐步脱离外部动作而借助内部言语实现的；

②心智技能往往又是外部操作技能的支配者和调节者，复杂的动作技能往往包含认知成分，需要学习者的心智活动的参与。

23. 简述动作技能形成的一般阶段。

（1）冯忠良的四阶段：

①操作定向。操作定向就是了解操作活动的结构与要求，在头脑中建立起操作活动的定向映像的过程。

②操作模仿。模仿的实质是将头脑中形成的定向映像以外显的实际动作表现出来。

③操作整合。操作整合是把构成整体的各动作要素，依据其内在联系联结成为整体，形成操作活动的序列，获得有关操作活动的完整的动觉映像的过程。

④操作熟练。操作熟练是操作技能掌握的高级阶段。通过动作练习形成的活动方式对各种变化的条件具有高度的适应性，动作的执行达到高度的程序

化、自动化和完善化。

（2）菲茨和波斯纳将操作技能学习的过程分为认知、联系形成和自动化三个阶段。

①认知阶段。这个阶段的主要任务是领会技能的基本要求、重点，掌握组成技能的局部动作。

②联系形成阶段。在该阶段，练习者把组成新操作技能的动作整体逐一进行分解，并试图发现它们是如何构成的，最后尝试性地完成所学新技能中的各个动作。经过练习，逐步掌握了一系列的局部动作，并逐渐从个别动作转向动作的组织与协调。

③自动化阶段。操作技能形成的最后阶段是一长串的动作系列联合成为一个有机的整体并巩固下来。此阶段，各个动作相互协调似乎是自动流出来的，无需特殊的注意和纠正。操作技能逐步由脑的低级中枢控制。这时，练习者的多余动作和紧张状态已经消失，能根据情况灵活变化、迅速而准确地完成动作，并且这种动作已经达到自动化程度，几乎不需要有意识的控制，这就是操作技能进入自动化阶段的熟练操作特征。

24. 简述操作模仿阶段的动作特点。

（1）动作品质方面，动作的稳定性、准确性、灵活性较差；

（2）动作结构方面，各个动作要素之间的协调性较差，互相干扰，常有多余动作产生；

（3）动作控制方面，主要靠视觉控制，动觉控制水平较低，不能主动发现错误与纠正错误；

（4）动作效能方面，完成一个动作往往比标准速度要慢，个体经常感到疲劳、紧张。

25. 简述操作整合阶段的动作特点。（易混）

（1）动作品质方面，动作可以表现出一定的灵活性、稳定性和精确性，但当外界条件发生变化时，动作的这些特点都有所降低；

（2）动作结构方面，各个动作成分趋于分化、精确，整体动作趋于协调、连贯，各动作成分间的相互干扰减少，多余动作也有所减少；

（3）动作控制方面，视觉控制不起主导作用，逐步让位于动觉控制，肌肉运动的感觉变得较清晰、准确，并成为动作执行的主要调节器；

（4）动作效能方面，疲劳感、紧张感降低，心理能量不必要的消耗减少，但没有完全消除。

26. 简述操作熟练阶段的动作特点。

（1）动作品质方面，动作具有高度的灵活性、稳定性和准确性，在各种变化的条件下都能顺利完成动作；

（2）动作结构方面，各个动作之间的干扰消失，衔接连贯、流畅，高度协调，多余动作消失；

（3）动作控制方面，动觉控制增强，不需要视觉的专门控制和有意识的活动，视觉注意范围扩大，能准确地觉察到外界环境的变化并调整动作方式；

(4)动作效能方面，心理消耗和体力消耗降至最低，表现为紧张感、疲劳感减少，动作具有轻快感。

27. 简述操作技能的培训要求。(常考)

(1)准确的示范与讲解；

(2)必要而适当的练习；

(3)充分而有效的反馈；

(4)建立稳定清晰的动觉。

28. 简述练习的一般趋势。

(1)开始进步快；

(2)中间有一个明显的、暂时的停顿期，即高原期；

(3)后期进步较慢；

(4)总趋势是进步的，但有时出现暂时的退步。

29. 简述影响反馈效果的因素。

(1)反馈的内容；(2)反馈的频率；(3)反馈的方式。

30. 什么是心智技能？简述其特点。

(1)心智技能也称为智力技能、认知技能，是通过学习而形成的合乎法则的心智活动方式。阅读技能、写作技能、运算技能、解题技能等都是常见的心智技能。

(2)心智技能的特点包括：

①动作对象的观念性；

②动作执行的内潜性；

③动作结构的简缩性。

31. 简述心智技能的形成阶段。

(1)原型定向；(2)原型操作；(3)原型内化。

32. 简述加里培林关于心智技能划分的阶段。

(1)动作的定向阶段；

(2)物质与物质化阶段；

(3)出声的外部言语动作阶段；

(4)无声的外部言语动作阶段；

(5)内部言语动作阶段。

33. 简述心智技能形成的特征。

心智技能形成主要有以下几个方面的特征：

(1)智力活动主要靠内部言语来调节；

(2)智力活动具有简缩的特征；

(3)智力活动的速度和品质得到改善。

34. 简述心智技能的培养要求。

(1)确立合理的智力活动原型；

(2)教师利用示范和讲解，并有效进行分阶段练习；

(3)知识影响技能的形成；

(4)注重培养学生认真思考的习惯和独立思考的能力。

35. 教师在指导学生练习时，应该注意哪些事项？

(1)教师要做到精讲、多练；

(2)注意练习形式的多样化，举一反三；

(3)练习要适量适度，循序渐进。

专题十　问题解决与创造性

1. 简述问题的三个基本成分。

(1)给定信息，指有关问题初始状态的一系列描述；

(2)目标，指有关问题结果状态的描述；

(3)障碍，指在解决问题的过程中会遇到的种种亟待解决的因素。

2. 简述问题解决的特征。

(1)目标指向性(目的性)；(2)操作系统性(序列性)；(3)认知性操作(认知性)。

3. 简述问题解决的基本过程。

(1)发现问题；(2)理解问题；(3)提出假设；(4)检验假设。

4. 简述问题解决的策略。

(1)算法。

(2)启发法：①手段—目的分析法；②爬山法；③顺向思维；④逆推法(逆向思维)；⑤生成—检验。

5. 简述影响问题解决的因素。(常考)

(1)问题情境(问题表征)；

(2)迁移(已有知识经验、认知结构);

(3)定势与功能固着;

(4)原型启发;

(5)酝酿效应;

(6)情绪与动机。

此外,个体的个性特征也会影响问题解决。

6. 什么是功能固着?

人们把某种功能赋予某物体的倾向称为功能固着。在功能固着的影响下,人们不易摆脱事物用途的固有观念,从而直接影响问题解决的灵活性。

7. 在实际教学中,教师可以通过哪些途径来培养学生的问题解决能力?/如何提高解决问题的能力?(常考)

(1)培养学生主动质疑和解决问题的内在动机;

(2)问题的难度要适当;

(3)帮助学生正确表征问题;

(4)帮助学生养成分析问题和对问题归类的习惯;

(5)提高学生知识储备的数量和质量,指导学生善于从记忆中提取信息;

(6)训练学生陈述自己的假设及其步骤,鼓励自我评价和反思;

(7)教授与训练解决问题的方法和策略;

(8)提供多种练习机会;

(9)训练逻辑思维能力,提高思维水平。

8. 简述创造性的特征。

(1)流畅性;

(2)灵活性(变通性);

(3)独创性(独特性)。

9. 简述影响创造性的因素。

(1)环境;(2)智力;(3)个性。

10. 简述创造性与智力的基本关系。(常考)

(1)低智商不可能具有高创造性;

(2)高智商可能有高创造性,也可能有低创造性;

(3)低创造性者的智商水平可能高,也可能低;

(4)高创造性者必须有高于一般水平的智商。

11. 简述创造性的培养方法。(常考)

(1)培养创造性认知能力。

①培养创造性的知识基础;

②创造性思维的培养。

(2)注重创造性个性的塑造。

①保护好奇心;

②解除个体对答错问题的恐惧心理;

③鼓励独立性和创新精神;

④重视非逻辑思维能力;

⑤给学生提供具有创造性的榜样。

(3)创设有利的社会环境。

①创设宽松的心理环境;

②给学生留有充分选择的余地；

③改革考试制度与考试内容。

(4)培养创造型的教师队伍。

专题十一 态度与品德的形成

1. 简述态度的结构。

态度的结构包括认知成分、情感成分和行为成分。

(1)态度的认知成分是指个体对态度对象所具有的带有评价意义的观念和信念；

(2)态度的情感成分是指伴随着态度的认知成分而产生的情绪或情感体验，是态度的核心成分；

(3)态度的行为成分是指准备对某对象做出某种反应的意向或意图。

2. 简述品德的心理结构。/品德的构成成分有哪些？

(1)道德认知；

(2)道德情感；

(3)道德意志；

(4)道德行为。

3. 什么是品德测评？品德测评应遵循哪些原则？

(1)品德测评，是指测评者依据一定的品德测评标准、程序和方法，借助于一定的测评工具，对个体的品行进行测量与评定，凭此获得被试品行方面的诸种客观信息，并采用语言和数据的形式呈现所获得的结果，然后将它们进行充分的分析与讨论后获得相应的结论，由此来推知被试品德发展类型及水平高低的一类科学方法的总称。

(2)为了更加科学地进行品德测评，防止乱编滥用，消除心理测验万能论与心理测验无用论的错误观念，品德测评必须坚持如下几个原则：

①将主要德性与次要德性作适当区分；

②将道德知识与道德品质作适当区分；

③真实生活情境与假设情境相结合；

④定性测评与定量测评相结合；

⑤巧妙性原则；

⑥文化公平原则；

⑦将普通德行与美德作适当区分；

⑧教育性原则。

4. 简述皮亚杰的道德发展阶段理论。

皮亚杰把儿童的道德发展划分为以下四个阶段：

(1)自我中心阶段；

(2)权威阶段(他律道德阶段或道德实在论阶段)；

(3)可逆性阶段(自律或合作道德阶段)；

(4)公正阶段。

5. 简述科尔伯格的道德发展阶段理论。(易混)

(1)前习俗水平：

①服从与惩罚的道德定向阶段；

②相对功利的道德定向阶段。

(2)习俗水平：

①好孩子的道德定向阶段；

②维护权威或秩序的道德定向阶段。

(3)后习俗水平：

①社会契约的道德定向阶段；

②普遍原则的道德定向阶段。

6. 简述小学生品德发展的基本特征。

(1)良好行为习惯(自觉纪律)的养成在小学生品德的发展中占据显著地位；

(2)小学生品德发展的形象性；

(3)小学生品德发展的过渡性；

(4)小学生品德发展的协调性。

7. 简述小学生道德判断与评价发展的特点。(常考)

(1)从他律到自律；

(2)从效果到动机；

(3)从律他到律己；

(4)从片面到全面；

(5)从笼统到具体。

8. 简述中学生品德发展的特点。

(1)逐渐从他律变成自律，伦理道德发展具有自律性，言行一致；

(2)品德发展由动荡向成熟过渡。

9. 简述态度与品德学习的一般过程。/简述品德的内化过程。/简述社会规范学习的三阶段理论。(常考)

(1)社会规范的依从。依从,即表面上接受规范,按照规范的要求来行动,但对规范的必要性或根据缺乏认识,甚至有抵触情绪。它是规范内化的初级阶段,是态度与品德建立的开端。

(2)社会规范的认同。认同是在思想、情感、态度和行为上主动接受他人的影响,把别人或某个群体的态度作为自己的态度,使自己的态度和行为与他人相接近。认同实质上就是对榜样的模仿,其出发点就是试图与榜样保持一致。

(3)社会规范的信奉(内化)。信奉是内化的最高阶段,是学习者对社会规范及其价值原则有了深刻的理解,并持有积极的情感体验,使之成为自己的一种信念,与原有的价值观念一体化。内化是指在思想观点上与社会规范及其价值保持一致,将自己所认同的思想和自己原有的观点、信念融为一体,构成一个完整的价值体系。此时,稳定的品德就形成了。

10. 简述影响态度与品德学习的一般条件。/请列举态度和品德形成的影响因素。

(1)外部条件:①家庭教养方式;②社会风气;③同伴群体。

(2)内部条件:①认知失调;②态度定势;③道德

认知。

此外，个体的智力水平、受教育程度、年龄等因素也对态度与品德的形成与改变有不同程度的影响。

记忆技巧：外家社群，内认定德。

11. 简述认知不协调理论。

勒温、皮亚杰、费斯廷格和海德等人的研究都表明，人类具有一种维持平衡和一致性的需要，即力求维持自己的观点、信念的一致，以保持心理平衡。当认知不平衡或不协调时，如新出现的事物与自己原有的经验不一致，或者自己的观点与他人的、社会的观点或风气不一致等，这时内心就会有不愉快或紧张的感受，个体就试图通过改变自己的观点或信念，以达到新的平衡。

12. 简述态度与品德的培养方式。（常考）

（1）有效的说服；

（2）树立良好的榜样；

（3）利用群体约定；

（4）价值辨析；

（5）给予适当的奖励和惩罚。

除上述所介绍的各种方法外，角色扮演、小组道德讨论等方法对于态度与品德的形成和改变都是非常有效的。

记忆技巧：嫁（价）给有理（利）数（树）。

13. 简述学生不良行为产生的原因。

客观方面：

(1)家庭教育失误；(2)学校教育不当；(3)社会文化的不良影响。

主观方面：

(1)缺乏正确的道德观念和道德信念；

(2)消极的情绪体验；

(3)道德意志薄弱；

(4)不良行为习惯的支配；

(5)性格上的缺陷等。

14. 教师如何矫正学生的不良行为？

(1)改善人际关系，消除疑惧心理和对立情绪；

(2)保护自尊心，培养集体荣誉感；

(3)讲究谈话艺术，提高道德认知；

(4)锻炼与诱因做斗争的毅力，巩固新的行为习惯；

(5)注重个别差异，运用教育机智。

15. 班杜拉认为自律行为的养成需要经历三个阶段，请你简述这三个阶段。

班杜拉认为自律行为是经由观察模仿的历程养成的。他将观察学习四阶段中的动机阶段的意义延伸，从而发展成他的自律行为养成的三阶段理论。

(1)自我观察，这是指个人对自己所作所为的观察。

(2)自我评价,这是指个人经自我观察后,按照自己所定的行为标准评判自己的行为,来调节自己的行为,来奖励和惩罚自己。

(3)自我强化,这是指个人按自定标准评判过自己的行为之后,在心理上对自己所做的奖励或惩罚。

专题十二　教学设计

1. 简述教学设计的依据。

(1)理论依据:①现代教学理论、学习理论与传播理论;②系统的原理和方法。

(2)现实依据:①教学的实际需要;②教师的教学经验;③学生的需要和特点。

2. 简述教学设计的基本内容。

教学设计是指在实施教学之前由教师对教学目标、教学方法、教学评价等进行规划和组织并形成设计方案的过程。主要包括教学目标设计、教学策略设计、教学媒体设计和教学评价设计等内容。

3. 简述布卢姆关于教学目标的划分。(常考)

美国教育心理学家布卢姆将教学目标分为认知、情感和动作技能三个领域,每一领域的目标又从低级到高级分成若干层次。

(1)认知领域的教学目标分为知识、领会、运用、分析、综合、评价六级;

(2)情感领域的教学目标分为接受、反应、形成价

值观念、组织价值观念系统、价值体系个性化五级;

(3)动作技能目标包括知觉、模仿、操作、准确、连贯、习惯化六个层次。

4. 简述教学中可供选择的教学策略。

(1)教师中心取向的教学策略,主要有直接教学(指导教学)和接受学习;

(2)学生中心取向的教学策略,主要有发现学习、情境教学和合作学习;

(3)个别化教学,主要有程序教学、掌握学习和计算机辅助教学。

5. 简述合作学习分组的原则。

(1)组内异质,组间同质;

(2)小组成员人数以 5 人左右为宜。

6. 简述小组合作学习的基本要素。

(1)组间同质,组内异质;

(2)设立小组目标;

(3)实施小组评价与奖励的机制;

(4)个人责任的明确;

(5)均等的成功机会。

7. 简述教学媒体的选择依据。

(1)依据教学目标;

(2)依据教学内容;

(3)依据教学对象;

(4)依据教学条件。

此外，还要考虑媒体的特性，以及使用成本、可获得性、便利性、学生的偏爱等因素。

8. 简述计算机辅助教学的优越性。

(1)交互性，即人机对话；

(2)即时反馈；

(3)以生动形象的手段呈现信息；

(4)自定步调等。

计算机还能用于管理，如确定错误率，了解学生的进步情况，通过诊断布置学习任务等。

专题十三　课堂管理

1. 简述课堂管理的功能。

(1)维持功能；(2)促进功能；(3)发展功能。

2. 简述课堂管理的重要目标。

(1)为学生争取更多的学习时间；

(2)增加学生参与学习活动的机会；

(3)帮助学生形成自我管理的能力。

3. 简述影响课堂管理的因素。

(1)教师的领导风格；

(2)班级规模；

(3)班级的性质；

(4)对教师的期望。

4. 班级规模是如何影响课堂管理的。

(1)班级的大小会影响成员间的情感联系；

(2)班内的学生越多,学生间的个别差异就越大;

(3)班级的大小也会影响交往模式;

(4)班级越大,内部越容易形成各种非正式小群体。

5. 影响从众的因素有哪些?

(1)群体方面:群体的规模;群体凝聚力;群体意见的一致性;群体的权威性。

(2)情境方面:刺激的模糊性;反应的匿名性;承诺感(责任感,约束力)。

(3)个人方面:性别;年龄;地位。

6. 教师如何管理正式群体?

(1)要选好班级正式群体中的领导;

(2)注意引导和支持;

(3)适当授权,鼓励学生的自主管理。

7. 简述非正式群体的特点。

(1)成员之间相互满足心理需要;

(2)成员之间具有强烈的情感联系和较强的凝聚力,但有可能存在排他性;

(3)受共同的行为规范和行动目标的支配,行为上具有一致性;

(4)成员的角色和数量不固定。

8. 教师如何管理非正式群体?

(1)要摸清非正式群体的性质;

(2)对积极的非正式群体给予鼓励和帮助;

(3)对消极的非正式群体给予适当的引导和干预。

9. 如何培养班集体的凝聚力?(常考)

(1)了解群体凝聚力的情况;

(2)帮助班级里所有学生对一些重大事件和原则问题保持共同的认识和评价,形成认同感;

(3)引导所有学生在情感上加入群体,形成归属感;

(4)当学生表现出符合群体规范和群体期待的行为时,给予赞许和鼓励,形成力量感。

10. 简述课堂气氛的类型。

(1)积极的课堂气氛;

(2)消极的课堂气氛;

(3)一般型课堂气氛;

(4)对抗的课堂气氛。

11. 简述影响课堂气氛的因素。

(1)教师因素,教师的领导方式、教师的移情、教师对学生的期望、教师的情绪状态、教师的教学能力是影响课堂气氛的决定因素。

(2)学生因素,学生的一些特点也是影响课堂气氛的重要因素。

(3)课堂内物环境因素,包括教学时间的安排、班级规模、教室内的设备、教具、乐音或噪音、光线充足与否、空气清新或浑浊、高温或低温、座位编排方式等。

12. 如何营造积极的课堂气氛？

(1)发挥教师的主导作用；

(2)尊重学生的主体地位；

(3)构建和谐的师生关系。

13. 简述小学儿童同伴交往的特点。

(1)小学儿童的友谊。小学儿童选择朋友，表现出明显的同质性和趋上性的特点。

(2)同伴群体。同伴群体是在小学生同伴交往过程中形成的，它具有以下特点：

①在一定规则的基础上进行相互交往；

②限制其成员对其他团体的归属感；

③具有明确的或隐含的行为标准；

④发展使其成员为完成共同目标而一起工作的组织。小学生同伴群体的种类多种多样，有的结构可能比较松散，也有的结构比较严密。

(3)小学儿童的同伴接纳性。

①在同伴群体中，受大家欢迎的儿童，其他孩子都喜欢和他一起玩，这类孩子往往开朗、友善、善于合作；

②不被大家喜欢的儿童，没有人愿意和他在一起，这类孩子往往攻击性强、脾气不好，缺乏交往能力等；

③在同伴中不受注意的儿童，大家对他既非特别友好，也非特别不友好，这类儿童往往被认为是退缩

的、安静的。

14. 简述中学生人际关系发展的特点。

(1)友谊占据十分重要和特殊的地位;

(2)小团体现象突出;

(3)师生关系有所削弱;

(4)易与父母产生隔阂;

(5)网络虚拟人际关系的建立。

15. 简述课堂纪律的种类。

根据形成途径,课堂纪律一般可分为:

(1)教师促成的纪律;

(2)集体促成的纪律;

(3)自我促成的纪律;

(4)任务促成的纪律。

16. 简述维持课堂纪律的策略。(常考)

(1)建立有效的课堂规则;

(2)合理组织课堂教学;

(3)做好课堂监控;

(4)培养学生的自律品质。

17. 如何培养学生的自律品质?

(1)要对学生提出明确的要求,加强课堂纪律的目的性教育;

(2)引导学生对学习纪律持有正确、积极的态度,产生积极的纪律情感体验,进行自我监控;

(3)集体舆论和集体规范是促使学生自律品质形

成和发展的有效手段,教师应对其加以有效利用。

18. 课堂问题行为产生的主要原因有哪些?

(1)学生方面,学生的人格特点、生理因素、挫折经历;

(2)教师方面,教师的教学技能、管理方式、威信;

(3)校内外的环境,如大众传媒、家庭环境、课堂座位编排。

19. 有效的惩罚应注意哪些方面?

(1)明确惩罚的目的,它是让学生最终经过努力“避免”惩罚,而不是一定要让学生不断地去“体验”惩罚;

(2)惩罚应尽可能及时,延时实施则须先说明原委;

(3)惩罚强度应适当,太轻当然无效,过严也会抑制正常的行为;

(4)惩罚应基于爱和尊重,态度和蔼与满怀深情者来实施效果更佳;

(5)惩罚应按特定的时间或程序安排来规范地进行;

(6)惩罚务必与说理相结合,这一点尤为重要。

20. 简述课堂问题行为的矫正。(常考)

(1)预防;

(2)非言语暗示;

(3)表扬;

(4)言语提醒；

(5)有意忽视；

(6)转移注意。

专题十四　心理健康教育

1. 心理健康的标准是什么？/心理健康的基本标准有哪些？

(1)自我意识正确。能正确评价、接纳自己。

(2)人际关系协调。乐于交往，能和多数人建立良好的人际关系，具有处理矛盾的能力。

(3)性别角色分化。能够获得相应的性别角色，行为方式和相应的性别角色规范一致。

(4)社会适应良好。能够面对、接受、适应现实，能够妥善处理生活、学习和工作中的各种挑战。

(5)情绪积极稳定。情绪乐观稳定，热爱生活，积极向上，对未来充满希望，有烦恼能自行解脱。

(6)人格结构完整。具有较高的能力、完善的性格、良好的气质、正确的动机、广泛的兴趣和坚定的信念等。

2. 如何正确理解心理健康的标准。

(1)判断一个人的心理健康状况时，应兼顾个体内部协调与对外良好适应两个方面。

(2)心理健康概念具有相对性，即心理健康有高低层次之分。

(3)心理不健康与有不健康的心理和行为不能等同。

(4)心理健康与不健康不是泾渭分明的对立面,而是一种连续状态。

(5)心理健康的状态不是固定不变的,而是动态变化的过程。

(6)心理健康标准是一种理想尺度,它不仅为我们提供了衡量是否健康的标准,而且为我们指明了提高心理健康水平的努力方向。

(7)心理健康与否,在相当程度上可以说是一个社会评价问题。

3. 简述心理评估的参考架构。

现有的评估手段是在两种参考架构的基础上制定的,即疾病模式与健康模式。

疾病模式的心理评估旨在对当事人心理疾病的有无以及心理疾病的类别进行诊断。

健康模式的心理评估旨在了解个体健康状态下的心智能力及自我实现的倾向,关注的是人的潜能和价值实现的程度、心理素质改善的程度,这在学校心理健康教育中应受到高度重视。

4. 简述心理健康教育的意义。

(1)心理健康教育是预防精神疾病,保障学生心理健康的需要;

(2)心理健康教育是提高学生心理素质,促进其人格健全发展的需要；

(3)心理健康教育是学校日常教育教学工作的配合与补充。

5. 简述心理健康教育的目标。

心理健康教育的目标可以分解为基础目标、基本目标和终极目标三个层次。(1)心理健康教育的基础目标是防治心理疾病，增进心理健康；(2)心理健康教育的基本目标是优化心理素质，促进全面发展；(3)心理健康教育的终极目标是开发心理潜能，达到自我实现。

心理健康教育的总目标是：提高全体学生的心理素质，充分开发他们的潜能，培养学生乐观、向上的心理品质，促进学生人格的健全发展。

心理健康教育的具体目标是：使学生不断正确认识自我，增强调控自我、承受挫折、适应环境的能力；培养学生健全的人格和良好的个性心理品质；对少数有心理困扰或心理障碍的学生，给予科学有效的心理咨询和辅导，使他们尽快摆脱障碍，调节自我，提高心理健康水平，增强自我教育能力。

6. 对于大多数心理健康的学生而言，心理健康教育的目标是什么？

针对大多数心理健康的学生而言，心理健康教育的目标是培养学生良好的心理素质，预防心理障碍的发生，促进学生心理机能、人格的发展与完善。

7. 简述心理健康教育的任务。

(1)全面推进素质教育,增强学校德育工作的针对性、实效性和主动性;

(2)帮助学生树立在出现心理行为问题时的求助意识,促进学生形成健康的心理素质,维护学生的心理健康,减少和避免对他们心理健康的各种不利影响;

(3)培养身心健康,具有创新精神和实践能力,有理想、有道德、有文化、有纪律的一代新人。

8. 简述学校心理健康教育的主要内容。

(1)学习方面,主要包括对学生的学习动机、学习态度、学习策略、学习习惯、自我监控及考试心理的咨询与辅导;

(2)人格方面,主要包括对学生的人格、自我意识、情绪情感、人际关系、意志品质、性心理的辅导等;

(3)生活方面,包括对生活适应、人际交往、挫折适应、休闲消费及危机心理的辅导;

(4)生涯方面,具体包括升学辅导、职业辅导、生涯发展与规划辅导等。

9. 简述学校开展心理健康教育的途径。(常考)

(1)开设心理健康教育的有关课程和心理辅导的活动课;

(2)在学科教学中渗透心理健康教育的内容;

(3)结合班级、团队活动开展心理健康教育;

(4)个别心理辅导或咨询;

(5)小组辅导。

10. 简述心理辅导的原则。

(1)面向全体学生;

(2)预防与发展相结合;

(3)尊重与理解学生;

(4)发挥学生主体性;

(5)个别对待学生;

(6)促进学生整体性发展。

11. 简述心理健康教育的途径。

(1)心理健康教育活动课;

(2)学科渗透;

(3)班主任工作;

(4)学校心理咨询与心理辅导;

(5)家庭教育;

(6)环境教育;

(7)社会磨砺;

(8)其他途径(少先队、板报、校报、广播等)。

12. 简述心理辅导的目标。(常考)

学校心理辅导的一般目标可归纳为两个方面:学会调适和寻求发展。

学会调适是基本目标,以此为主要目标的心理辅导可称为调适性辅导;

寻求发展是高级目标,以此为主要目标的心理辅导可称为发展性辅导。

13. 简述行为改变的基本方法。

(1)强化法

强化法用来培养新的适应行为。根据学习原理，一个行为发生后，如果紧跟着一个强化刺激，这个行为就会再一次发生。

(2)代币奖励法

代币是一种象征性强化物，筹码、小红星、盖章的卡片、特制的塑料币等都可作为代币。当学生做出教师所期待的良好行为后，就发给他们数量相当的代币作为强化物。

(3)行为契约法

行为契约法是双方通过达成协议来建立一定程度的目标行为的方法。

(4)行为塑造法

行为塑造是指通过不断强化逐渐趋近目标的反应，来形成某种较复杂的行为。

(5)示范法

观察、模仿教师呈现的范例(榜样)，是学生学习社会行为的重要方式。

(6)处罚法

处罚的作用是消除不良行为。处罚有两种：①在不良行为出现后，呈现一个厌恶刺激(如否定评价、给予处分)；②在不良行为出现后，撤销一个愉快刺激。

(7)自我控制法

自我控制法是让当事人自己运用学习原理，进行自我分析、自我监督、自我强化、自我惩罚，以改善自身行为。

14. 简述行为演练的基本方法。（常考）

(1)全身松弛法

全身松弛法，或称全身松弛训练，是通过改变肌肉紧张，减轻肌肉紧张引起的酸痛，以应对情绪上的紧张、不安、焦虑和气愤。

(2)系统脱敏法

系统脱敏是指当某些人对某事物、某环境产生敏感反应(害怕、焦虑、不安)时，我们可以在当事人身上发展起一种不相容的反应，使其对本来可引起敏感反应的事物，不再发生敏感反应。

(3)肯定性训练

肯定性训练，也叫自信训练、果敢训练，其目的是促进个人在人际关系中公开表达自己真实的情感和观点，维护自己的权益也尊重别人的权益，发展人的自我肯定行为。

15. 简述改善学生认知的方法。

(1)认知疗法

认知疗法于20世纪60年代~70年代在美国产生，是根据人的认知过程影响其情绪和行为的理论假设，通过认知和行为技术来改变求治者的不良认知，从而矫正适应不良行为的心理治疗方法。

(2)来访者中心疗法

来访者中心疗法又称患者中心疗法,是著名的人本主义心理学家罗杰斯创立的一种独特的理论方法体系。罗杰斯认为,心理治疗的目的就在于帮助病人或患者创造一种有关他自己的更好的概念,使他能自由地实现他的自我,即实现他自己的潜能,成为功能完善者。

(3)理性—情绪疗法

理性—情绪疗法(RET),又称合理情绪疗法,是20 世纪 50 年代由艾利斯在美国创立,它是认知疗法的一种,因其采用了行为治疗的一些方法,故又被称为认知行为疗法。艾利斯认为,人的情绪是由他的思想决定的,合理的观念导致健康的情绪,不合理的观念导致负向的、不稳定的情绪。通过改变不合理信念调整自己的认知,是维护心理健康的重要途径。

16. 简述学生心理问题产生的原因。

(1)生理因素。遗传、解剖、生理、生化和病毒等对精神疾病的产生和发展都能起到作用。

(2)家庭因素。家庭不和睦、父母教育方式不统一或者父母素质低下、单亲家庭等都能够引发学生的心理问题。

(3)社会因素。不健康的报刊、书籍、游戏等大众传媒对学生产生了消极的影响,可能导致儿童的心理异常。

(4)学校因素。学校教育方法失当、应试教育理念使学生对学习和学校产生了厌恶情绪,严重的可能导致心理问题。

(5)心理因素。学生的厌学、离家出走、情感脆弱等问题多是由于认知偏颇、情绪易激动、意志薄弱、内心矛盾而产生的苦恼、困惑。

17. 简述儿童多动综合征的特征。

(1)活动过多;(2)注意力不集中;(3)冲动行为。

18. 学习困难儿童的主要表现有哪些?

(1)知识水平方面:①知识背景贫乏;②概念水平差;③基本知识技能的熟练程度差;④知识结构水平差。

(2)认知方面:①注意力差;②感知觉能力差;③记忆不良;④阅读困难;⑤言语落后;⑥思维水平低;⑦学习策略与学习方式差。

(3)非智力因素方面:①学习动机缺失;②学习志向水平低;③学习兴趣淡薄;④自我效能感差;⑤学习态度不良;⑥消极情绪干扰;⑦意志薄弱;⑧性格不良;⑨不良归因倾向;⑩心理健康问题的差异。

19. 简述焦虑症的治疗方法。/教师应如何指导学生应对考试焦虑?

(1)采用肌肉放松、系统脱敏等方法;

(2)采用认知矫正程序,指导学生在考试中使用正向的自我对话,如"我能应付这个考试";

(3)锻炼学生的性格,提高挫折应对能力;

(4)往最好处做,不要计较最后结果;

(5)考前要注意调节情绪。

20.简述中小学生焦虑症产生的原因。

(1)学校的统考和应试教育体制使学生缺乏内在自尊;

(2)家长对子女期望过高;

(3)学生的个性过于争强好胜,缺乏对于失败的耐受力,知识准备不足,缺乏相应的应试技能等。

21.简述抑郁症的表现。

(1)情绪消极、悲观、颓废、淡漠、失去满足感和对生活的乐趣;

(2)消极的认知倾向,低自尊、无能感,对未来没有期望;

(3)动机缺乏、被动、缺乏热情;

(4)肢体疲劳、失眠、食欲不振。

22.如何维护学生的心理健康?

(1)学生个体进行积极的自我调适;

(2)学校通过多种方式进行心理健康教育,维护学生心理健康;

(3)与家长合作构建社会支持网络。

专题十五　教师职业心理

1.简述现代教师角色观。

(1)学习的引导者和促进者;

(2)行为规范的示范者；

(3)班集体的管理者；

(4)心理健康的管理者；

(5)学生成长的合作者；

(6)教学的研究者。

2. 简述教师职业角色的形成阶段。

(1)教师角色的认知

角色认知是指角色扮演者对某一角色行为规范的认识和了解，知道哪些行为是合适的，哪些行为是不合适的。

(2)教师角色的认同

教师角色的认同指个体亲身体验并接受教师角色所承担的社会职责，用以控制和衡量自己的行为。

(3)教师角色的信念

教师角色的信念是指教师在角色扮演中，将职业角色的社会要求转化为个体需要，坚信自己对教师职业的正确认识，并将其作为规范自己行为的指南，形成职业的自尊心和自豪感。

3. 简述影响教师威信形成的因素。

(1)教师威信形成的客观条件：

①教师在全社会的政治和经济地位、全民族的道德文化素养和尊师重教的良好社会风气是教师威信形成的重要条件；

②教育行政机关和学校领导对教师工作的信任、

关心和支持是提高教师威信的重要条件；

③家长对教师的态度也是影响教师威信的重要因素。

(2)教师威信形成的主观条件：

①教师的专业素质；

②教师的人格魅力；

③师生关系；

④教师的评价手段。

4. 简述建立教师威信的途径。/简述教师应如何树立自身威信。(常考)

(1)培养自身良好的道德品质；

(2)培养良好的认知能力和性格特征；

(3)注重良好仪表、风度和行为习惯的养成；

(4)给学生以良好的第一印象；

(5)做学生的朋友与知己。

5. 简述教师威信的维护。

(1)教师要有坦荡的胸怀、实事求是的态度。

(2)教师要正确认识和合理运用自己的威信。

(3)教师要有不断进取的敬业精神。

(4)教师要言行一致，做学生的楷模。

6. 简述教师的知识结构。

(1)专业学科内容知识；

(2)教育教学知识；

(3)心理学的知识；

(4)实践性知识。

7. 简述教师的教学能力。

(1)组织和运用教材的能力;

(2)言语表达能力;

(3)组织教学的能力;

(4)对学生学习困难的诊治能力;

(5)教学媒体的使用能力;

(6)教育机智等。

8. 教师的认知特征主要包括哪些方面?

(1)观察力特征;

(2)思维特征;

(3)注意力特征。

9. 如何提高教师的教学效能感?

从教师的自身方面来说:

(1)要形成科学的教育观;

(2)向他人学习;

(3)教师要注意对自己的教学进行总结和反思,不断改进自己的教学。

从教师所处的外部环境来说:

(1)在社会上,必须树立尊师重教的良好风气;

(2)在学校内,必须建立一套完整、合理的管理制度和规则并严格加以执行,以及努力创立进修、培训等有利于教师发展和实现其自身价值的条件。另外,良好的校风建设、提高福利待遇等措施也会对教师的教学效能感产生积极的影响。

10. 教师的教学行为可以从哪些方面来衡量?

(1)教师行为的明确性;

(2)教学方法的多样性;

(3)任务取向;

(4)富有启发性;

(5)参与性;

(6)及时评估教学效果。

11. 简述教师期望效应。/什么是"皮格马利翁效应"?(常考)

教师期望效应也叫罗森塔尔效应或皮格马利翁效应,即教师的期望或明或暗地传递给学生,会使学生按照教师所期望的方向来塑造自己的行为。

教师期望效应的发生,既取决于教师自身的因素,也取决于学生的人格特征、原有认知水平、归因风格和自我意识等心理因素。

12. 简述专家型教师和新手型教师的差异。

(1)课时计划的差异;

(2)课堂教学过程的差异;

(3)课后评价差异;

(4)其他差异,如师生关系、人格魅力、职业道德等方面的差异。

13. 专家型教师熟练掌握的教学技能主要有哪些?

(1)课时计划简洁、灵活,具有预见性;

(2)教学技能实现程序化、自动化;

(3)教学监控能力强;

(4)采用深入的方法针对班级纪律问题制订计划;

(5)善于创造性地解决问题,有很强的洞察力。

14. 简述福勒和布朗划分的教师的成长阶段。

(1)关注生存阶段;

(2)关注情境阶段;

(3)关注学生阶段。

15. 如何促进教师的成长?(常考)

(1)观摩和分析优秀教师的教学活动;

(2)开展微格教学;

(3)进行专门训练;

(4)进行教学反思。

16. 简述教学反思的成分。

(1)认知成分;

(2)批判成分;

(3)教师的陈述。

17. 简述教学反思的方法。

(1)反思日记;

(2)详细描述;

(3)交流讨论;

(4)行动研究。

另外,教学反思的方法还有教学案例和教师成长档案袋。

18. 使用教师成长档案袋应注意哪些问题？

(1)教师本人是档案袋的主人；

(2)学校要为教师建立成长档案袋提供帮助；

(3)学校要恰当地利用档案袋评价教师。

19. 简述教师心理健康的标准。

(1)能积极地悦纳自我；

(2)有良好的教育认知水平；

(3)热爱教师职业，积极地爱学生；

(4)具有稳定而积极的教育心境；

(5)能控制各种情绪与情感；

(6)和谐的教育人际关系；

(7)能适应和改造教育环境；

(8)具有教育独创性。

20. 简述影响教师心理健康的主要因素。

(1)主观方面：教师的心理健康受其人格特征、心理素质等自身因素的制约。

(2)客观方面：

①家庭、学校、社会环境的影响不容忽视，如教学工作量繁重而复杂，节奏紧张，教师不堪重负；

②工资待遇和社会地位与劳动强度不成正比，挫伤积极性，使教师缺乏成就感和前途感；

③学校组织中人际关系复杂；

④家庭关系不和谐等。

21. 简述职业倦怠的特征。（常考）

（1）情绪耗竭，指个体情绪情感处于极度的疲劳状态，工作热情完全丧失；

（2）去人性化，即刻意在自身和工作对象间保持距离，对工作对象和环境采取冷漠和忽视的态度；

（3）个人成就感低，表现为消极地评价自己，贬低工作的意义和价值。

22. 简述教师职业倦怠产生的原因。

（1）社会因素，即教师职业的声望压力；

（2）职业因素，即教师担当的多种角色所产生的角色职责压力、角色冲突、学生问题、升学考试压力等；

（3）工作环境，即教师与学生、家长、领导、同事之间的人际关系压力，学校的考评、聘任制度所带来的压力；

（4）个人因素，即教师个人的认知方式和应对紧张的策略与心理压力的产生密切相关。

23. 减少和消除职业倦怠的方法有哪些？

（1）个体的自我干预；

（2）组织有效的干预；

（3）构建社会支持网络。

24. 教师如何维护自己的心理健康。

（1）教师应该树立科学理性的自我概念。

(2)教师要保持一种开放的心态,勤于学习。

(3)教师要掌握一些应对压力的策略和方法,进行积极的自我调适,避免消极情绪的影响。

25. 简述骨干教师成长的主要阶段。

(1)准备期

职业准备期是指教师从事教育工作以前的阶段,是接受教育和学习的阶段。

(2)适应期

职业适应期是教师走上工作岗位,由没有实践体验到初步适应教育教学工作,具备最基本、最起码的教育教学能力和其他素质的阶段。

(3)发展期

职业发展期是教师在初步适应教育教学工作后,继续在教育教学实践中锻炼自己的教育教学能力的素质,使之达到熟练程度的时期。

(4)创造期

职业创造期是教师开始由固定的、常规的、自动化的工作进入到开始探索和创新的时期,是形成自己独到见解和教学风格的时期。

第五部分　教育法律法规

专题一　教育法律基础

1. 简述我国教育法律体系的纵向结构。（易混）

我国教育法律体系的纵向结构为：

(1)我国《宪法》中有关教育的条款；

(2)教育基本法律；

(3)教育单行法律；

(4)教育行政法规；

(5)地方性教育法规；

(6)教育规章。

2. 简述教育法规体系的横向结构。

(1)教育基本法；

(2)基础教育法；

(3)高等教育法；

(4)职业教育法；

(5)成人教育或社会教育法；

(6)学位法；

(7)教师法；

(8)教育投入法或教育财政法。

3. 简述教育立法的基本程序。

(1)教育法律草案的提出；

(2)教育法律草案的审议；

(3)教育法律草案的表决和通过;

(4)教育法律的公布。

4. 简述教育法规实施的原则。

(1)教育性原则;(2)效力性原则;(3)民主性原则;(4)平等性原则。

5. 简述教育法规适用的要求。

(1)公正准确;(2)合法合理;(3)及时高效。

6. 简述教育法规与教育政策的关系。(常考)

教育法规与教育政策之间是一种相互制约、相互补充的辩证关系。

(1)联系:

①教育法规与教育政策都决定于上层建筑,具有共同的目的;

②教育政策是制定教育法规的依据,教育法规是教育政策的具体化、条文化和定型化;

③教育政策决定教育法规的性质,教育法规的内容体现教育政策;

④教育政策是实施教育法规的指导,教育法规是实现教育政策的保证。

(2)区别:

①两者的制定主体不同;

②两者的执行方式不同;

③两者的规范效力不同;

④两者调整和适用的范围不同;

⑤两者所要解决问题的性质不同。

7. 教育行政处罚的种类有哪些?

(1)警告;

(2)罚款;

(3)没收违法所得,没收违法颁发、印制的学历证书、学位证书及其他学业证书;

(4)撤销违法举办的学校和其他教育机构;

(5)取消颁发学历、学位和其他学业证书的资格;

(6)撤销教师资格;

(7)停考,停止申请认定资格;

(8)责令停止招生;

(9)吊销办学许可证;

(10)法律、法规规定的其他教育行政处罚。

8. 简述行政处罚的类型。

(1)申诫罚,又称精神罚、声誉罚,是最轻微的处罚,如警告;

(2)财产罚,主要是罚款、没收违法所得;

(3)行为罚,是限制或剥夺违法者某种行为能力的一种惩罚;

(4)人身罚,是限制或剥夺违法者人身自由的处罚。

9. 简述判断和确定教育法律的效力等级应遵循的原则。

(1)下位法服从上位法;

(2)特殊法优于一般法；

(3)后定法优于前定法；

(4)特定程序法律优于一般程序法律；

(5)被授权机关的立法等同于授权机关自己的立法。

10. 教育法律关系的主体可分为哪几类?

(1)公民(自然人)；

(2)机构和组织(法人)；

(3)国家。

11. 简述教师与学生之间的法律关系。

(1)教育和被教育的关系；

(2)管理和被管理的关系；

(3)保护和被保护的关系；

(4)互相尊重的平等关系。

12. 教育法律关系的客体一般包括哪些方面?

(1)物质财富；

(2)非物质财富；

(3)行为。

13. 简述教育法律责任的类型。(易混)

教育法律责任主要可分为行政法律责任、民事法律责任和刑事法律责任三种。在特定情况下还可以追究违宪责任。

(1)行政法律责任

行政法律责任是指行为人因实施行政违法行为

而应承担的法律责任,简称行政责任。

(2)民事法律责任

民事法律责任是指由于实施民事违法行为所导致的赔偿或补偿的法律责任,简称民事责任。

(3)刑事法律责任

刑事法律责任是指由于实施刑事违法行为所导致的受刑罚处罚的法律责任,简称刑事责任。刑事责任是一种惩罚最为严厉的法律责任。

(4)违宪责任

教育作为宪法确定的公民基本权利之一,与宪法所规定的教育基本制度密切相关。因此,在一定情况下,产生违宪责任也是可能的。

14. 教育法律责任的归责要件有哪些?

(1)有损害事实;

(2)损害行为必须违法;

(3)行为人主观有过错;

(4)违法行为与损害事实之间具有因果关系。

15. 简述教育法律救济的特征。

(1)教育法律救济是宪法公平、正义的立法精神的体现;

(2)纠纷的存在是教育法律救济的基础;

(3)损害的发生是教育法律救济的前提;

(4)补救受害者的合法权益是教育法律救济的根本目的;

(5)法律救济具有权利性;

(6)具有补救与监督双重作用。

16. 什么是教育法律救济,渠道有哪些?

(1)教育法律救济是指教育法律关系主体的合法权益受到侵犯并造成损害时,获得恢复和补救的法律制度。

(2)教育法律救济的渠道有四种:行政渠道、司法渠道、仲裁渠道和调解渠道。

17. 简述教育法律救济的作用。

(1)保护教育法律关系主体;

(2)维护教育法律的权威;

(3)促进教育行政部门依法行政;

(4)有利于推进教育法制建设。

18. 简述受教育者申诉的范围。

(1)对学校做出的各种处分不服,可以提出申诉;

(2)对学校或教师侵犯其人身权,可以提出申诉;

(3)对学校或教师侵犯其财产权,可以提出申诉;

(4)对学校或教师侵犯其知识产权可以提出申诉。

19. 简述教育行政复议的范围。

(1)对教育行政处罚不服的;

(2)对教育行政强制措施不服的;

(3)对教育行政机关作出的有关许可证、执照、资质证、资格证等证书变更、中止、撤销的决定不服的;

(4)对教育行政机关因不作为违法的;

(5)行政相对人认为教育行政机关违法集资、征收财物、摊派费用或者违法要求履行其他义务的;

(6)认为教育行政机关侵犯其合法的经营自主权的;

(7)认为教育行政机关的其他具体行政行为侵犯其合法权益的。

20. 简述教育行政复议的程序。

(1)申请;(2)受理;(3)审理;(4)决定;(5)执行。

21. 简述教育行政诉讼的特征。

(1)诉权专属;(2)标的确指;(3)救济和监督相结合;(4)被告举证;(5)不得调解。

22. 简述教育行政诉讼的程序。

(1)起诉和受理;(2)审理和判决;(3)执行。

专题二　依法执教与教师违法(侵权)行为预防

1. 依法执教是依法治教在教师工作中的具体体现,教师在教学活动中如何依法执教?/简述依法执教的基本要求。

(1)坚持正确的政治方向;

(2)拥护党的基本路线和领导;

(3)自觉增强法律意识;

(4)认真贯彻党和国家的方针政策。

2. 简述依法执教的意义。

(1)依法执教是依法治国的必然要求;

(2)依法执教是依法治教的重要内容;

(3)依法执教是人民教师之必需。

3. 简述教师违法(侵权)行为的主要类型。

(1)侵犯学生的受教育权;

(2)侵犯学生的人身权;

(3)侵犯学生的财产权;

(4)侵犯学生的著作权;

(5)不作为违法侵权。

4. 常见的侵犯学生受教育权的表现形式主要有哪些?(常考)

(1)侵犯学生受教育机会的平等权;

(2)侵犯学生的入学权;

(3)侵犯学生参加考试的权利;

(4)随意开除学生。

此外,还有侵犯学生上课学习的权利、侵犯学生受教育的选择权、侵犯学生升学复学方面的同等权利、以侵犯姓名权的手段侵犯学生的受教育权、延误学生录取通知书的发放等。

5. 侵犯学生的人身权主要是指哪些方面?

(1)侵犯学生的生命权、身体权和身心健康权;

(2)侵犯学生的姓名肖像权、名誉荣誉权;

(3)侵犯学生的人格尊严权;

(4)侵犯学生的人身自由权；

(5)侵犯学生的隐私权；

(6)性侵害。

6. 简述学校和教师的不作为侵权行为的表现形式。

(1)对学生身体状况关照不力；

(2)教师对生病或受伤学生救护不力；

(3)在履行职责中违反工作要求、操作规程；

(4)学校活动组织失职；

(5)饮食安全事故；

(6)未及时向学生监护人履行告知义务。

7. 预防教师违法(侵权)行为的必要措施有哪些?

(1)建立完善的教育法规体系；

(2)建立严格公正的教育执法制度；

(3)建立全面的教育法律监督机制；

(4)增强法制观念，宣传、普及教育法规；

(5)加强学校的规范管理；

(6)增强教师的法律意识，减少侵权行为的发生；

(7)加强学生对自己法定权利的认识，培养学生的自我保护意识；

(8)加大安全教育力度。

专题三　现行主要的教育法律法规

1. 简述设立学校及其他教育机构，必须具备的基

本条件。

(1)有组织机构和章程;

(2)有合格的教师;

(3)有符合规定标准的教学场所及设施、设备等;

(4)有必备的办学资金和稳定的经费来源。

2. 简述学校及其他教育机构可以行使哪些权利?

(1)按照章程自主管理;

(2)组织实施教育教学活动;

(3)招收学生或者其他受教育者;

(4)对受教育者进行学籍管理,实施奖励或者处分;

(5)对受教育者颁发相应的学业证书;

(6)聘任教师及其他职工,实施奖励或者处分;

(7)管理、使用本单位的设施和经费;

(8)拒绝任何组织和个人对教育教学活动的非法干涉;

(9)法律、法规规定的其他权利。

国家保护学校及其他教育机构的合法权益不受侵犯。

3.《中华人民共和国教育法》规定学校应当履行的义务有哪些?

(1)遵守法律、法规;

(2)贯彻国家的教育方针,执行国家教育教学标准,保证教育教学质量;

(3)维护受教育者、教师及其他职工的合法权益；

(4)以适当方式为受教育者及其监护人了解受教育者的学业成绩及其他有关情况提供便利；

(5)遵照国家有关规定收取费用并公开收费项目；

(6)依法接受监督。

4. 简述《中华人民共和国教育法》中关于受教育者权利的相关规定。/我国学生的权利有哪些？(常考)

(1)参加教育教学计划安排的各种活动，使用教育教学设施、设备、图书资料；

(2)按照国家有关规定获得奖学金、贷学金、助学金；

(3)在学业成绩和品行上获得公正评价，完成规定的学业后获得相应的学业证书、学位证书；

(4)对学校给予的处分不服向有关部门提出申诉，对学校、教师侵犯其人身权、财产权等合法权益，提出申诉或者依法提起诉讼；

(5)法律、法规规定的其他权利。

5. 依据《中华人民共和国教育法》的规定，学生应当履行哪些义务？

(1)遵守法律、法规；

(2)遵守学生行为规范，尊敬师长，养成良好的思想品德和行为习惯；

(3)努力学习,完成规定的学习任务;

(4)遵守所在学校或者其他教育机构的管理制度。

6.2021年4月29日,第十三届全国人民代表大会常务委员会第二十八次会议修正了《中华人民共和国教育法》,简述其中提出的教育方针。

我国《教育法》总则第五条明确规定了我国的教育方针:"教育必须为社会主义现代化建设服务、为人民服务,必须与生产劳动和社会实践相结合,培养德智体美劳全面发展的社会主义建设者和接班人。"

7.简述《中华人民共和国义务教育法》关于入学年龄与原则的规定。

(1)根据《中华人民共和国义务教育法》第十一条规定,凡年满六周岁的儿童,其父母或者其他法定监护人应当送其入学接受并完成义务教育;条件不具备的地区的儿童,可以推迟到七周岁。

适龄儿童、少年因身体状况需要延缓入学或者休学的,其父母或者其他法定监护人应当提出申请,由当地乡镇人民政府或者县级人民政府教育行政部门批准。

(2)根据《中华人民共和国义务教育法》第十二条规定,适龄儿童、少年免试入学。地方各级人民政府应当保障适龄儿童、少年在户籍所在地学校就近入学。

8. 简述义务教育的性质和特征。（常考）

（1）强制性（义务性）；

（2）普及性（普遍性、统一性）；

（3）免费性（公益性）；

（4）公共性（国民性）；

（5）基础性。

9. 我国义务教育经费是怎样投入的？

根据《中华人民共和国义务教育法》第四十四条规定，义务教育经费投入实行国务院和地方各级人民政府根据职责共同负担，省、自治区、直辖市人民政府负责统筹落实的体制。农村义务教育所需经费，由各级人民政府根据国务院的规定分项目、按比例分担。

各级人民政府对家庭经济困难的适龄儿童、少年免费提供教科书并补助寄宿生生活费。

义务教育经费保障的具体办法由国务院规定。

10. 根据《中华人民共和国义务教育法》的规定，县级以上地方人民政府有哪些情形，会由上级人民政府责令限期改正？

根据《中华人民共和国义务教育法》第五十二条规定，县级以上地方人民政府有下列情形之一的，由上级人民政府责令限期改正；情节严重的，对直接负责的主管人员和其他直接责任人员依法给予行政处分：

（1）未按照国家有关规定制定、调整学校的设置规划的；

（2）学校建设不符合国家规定的办学标准、选址要求和建设标准的；

（3）未定期对学校校舍安全进行检查，并及时维修、改造的；

（4）未依照本法规定均衡安排义务教育经费的。

11. 根据《中华人民共和国义务教育法》的规定，学校有哪些情形，会由县级人民政府教育行政部门责令限期改正？

（1）拒绝接收具有接受普通教育能力的残疾适龄儿童、少年随班就读的；

（2）分设重点班和非重点班的；

（3）违反本法规定开除学生的；

（4）选用未经审定的教科书的。

12. 简述《中华人民共和国教师法》的立法依据。

（1）我国社会主义现代化事业建设的需要；

（2）提高教师队伍素质的需要；

（3）维护教师合法权益的需要；

（4）教师队伍建设规范化的需要。

13.《中华人民共和国教师法》中规定教师享有哪些权利？/简述教师的职业权利。（常考）

（1）进行教育教学活动，开展教育教学改革和实验（教育教学权）；

（2）从事科学研究、学术交流，参加专业的学术团体，在学术活动中充分发表意见（科学研究权，又称学术自由权)；

(3)指导学生的学习和发展，评定学生的品行和学业成绩(管理学生权，又称指导评价权)；

(4)按时获取工资报酬，享受国家规定的福利待遇以及寒暑假期的带薪休假(获得报酬权)；

(5)对学校教育教学、管理工作和教育行政部门的工作提出意见和建议，通过教职工代表大会或者其他形式，参与学校的民主管理(民主管理权，又称参与教育管理权)；

(6)参加进修或者其他方式的培训(进修培训权)。

14.《中华人民共和国教师法》对教师的义务有哪些规定？(常考)

(1)遵守宪法、法律和职业道德，为人师表；

(2)贯彻国家的教育方针，遵守规章制度，执行学校的教学计划，履行教师聘约，完成教育教学工作任务；

(3)对学生进行宪法所确定的基本原则的教育和爱国主义、民族团结的教育，法制教育以及思想品德、文化、科学技术教育，组织、带领学生开展有益的社会活动；

(4)关心、爱护全体学生，尊重学生人格，促进学生在品德、智力、体质等方面全面发展；

(5)制止有害于学生的行为或者其他侵犯学生合

法权益的行为，批评和抵制有害于学生健康成长的现象；

(6)不断提高思想政治觉悟和教育教学业务水平。

15. 教师在哪些方面成绩优异可以获得所在学校的表彰、奖励？

(1)教育教学；(2)培养人才；(3)科学研究；(4)教学改革；(5)学校建设；(6)社会服务；(7)勤工俭学等。

16. 依据《中华人民共和国教师法》规定，在哪些情形下，教师由所在学校、其他教育机构或者教育行政部门给予行政处分或者解聘？

(1)故意不完成教育教学任务给教育教学工作造成损失的；

(2)体罚学生，经教育不改的；

(3)品行不良、侮辱学生，影响恶劣的。

教师有前款第(2)项、第(3)项所列情形之一，情节严重，构成犯罪的，依法追究刑事责任。

17. 简述我国《教师法》中规定的教师申诉的范围及其受理机关。

根据《中华人民共和国教师法》第三十九条规定，教师对学校或者其他教育机构侵犯其合法权益的，或者对学校或者其他教育机构作出的处理不服的，可以向教育行政部门提出申诉，教育行政部门应当在接到申诉的三十日内,作出处理。

教师认为当地人民政府有关行政部门侵犯其根据本法规定享有的权利的,可以向同级人民政府或者上一级人民政府有关部门提出申诉,同级人民政府或者上一级人民政府有关部门应当作出处理。

18. 简述保护未成年人的原则。(常考)

(1)给予未成年人特殊、优先保护;

(2)尊重未成年人人格尊严;

(3)保护未成年人隐私权和个人信息;

(4)适应未成年人身心健康发展的规律和特点;

(5)听取未成年人的意见;

(6)保护与教育相结合。

19. 简述教师侵犯学生的财产权的表现形式。

教师侵犯学生财产权的表现形式包括:损坏学生财物、非法没收学生物品、乱罚款、乱摊派、推销商品等。

20. 学生或者未成年学生监护人由于过错,有哪些情形造成学生伤害事故,应当依法承担相应的责任。

(1)学生违反法律法规的规定,违反社会公共行为准则、学校的规章制度或者纪律,实施按其年龄和认知能力应当知道具有危险或者可能危及他人的行为的;

（2）学生行为具有危险性，学校、教师已经告诫、纠正，但学生不听劝阻、拒不改正的；

（3）学生或者其监护人知道学生有特异体质，或者患有特定疾病，但未告知学校的；

（4）未成年学生的身体状况、行为、情绪等有异常情况，监护人知道或者已被学校告知，但未履行相应监护职责的；

（5）学生或者未成年学生监护人有其他过错的。

21. 哪些情形下发生的造成学生人身损害后果的事故，学校行为并无不当的，不承担事故责任；事故责任应当按有关法律法规或者其他有关规定认定？

（1）在学生自行上学、放学、返校、离校途中发生的；

（2）在学生自行外出或者擅自离校期间发生的；

（3）在放学后、节假日或者假期等学校工作时间以外，学生自行滞留学校或者自行到校发生的；

（4）其他在学校管理职责范围外发生的。

第六部分　新课程改革

专题一　新课程改革概述

1. 简述新课程改革提出的背景。

(1)时代发展特征的新要求(时代背景);

(2)我国政治经济发展的客观需要(社会背景);

(3)我国基础教育发展的内在需求;

(4)国外课程改革的启示。

2. 我国现今的基础教育存在哪些问题?

(1)教育观念滞后,人才培养目标同时代发展的需求不能完全适应;

(2)思想品德教育的针对性、实效性不强;

(3)课程内容存在着“繁、难、偏、旧”的状况;

(4)课程结构单一,学科体系相对封闭,难以反映现代科技、社会发展的新内容,脱离学生经验和社会实际;

(5)学生死记硬背、题海训练的状况普遍存在;

(6)课程评价过于强调学业成绩及甄别、选拔的功能;

(7)课程管理强调统一,致使课程难以适应当地经济、社会发展的需求和学生多样化发展的需要。

3. 国外课程改革对我们有什么启示?

(1)政府参与并领导课程改革;

(2)课程改革的焦点是协调国家和学生发展需要之间的关系;

(3)课程改革具有整体性。

4. 简述新课程改革的具体目标。(常考)

(1)实现课程功能的转变;

(2)体现课程结构的均衡性、综合性和选择性;

(3)密切课程内容与生活和时代的联系;

(4)改善学生的学习方式;

(5)建立与素质教育理念相一致的评价与考试制度;

(6)实行三级课程管理制度。

5. 简述新课程改革的发展趋势。

(1)以学生发展为本、促进学生全面发展与培养个性相结合;

(2)稳定并加强基础教育(课程的社会化、生活化和能力化,加强实践性,由"双基"到"四基");

(3)加强道德教育和人文教育,促进课程科学性与人文性融合;

(4)加强课程综合化;

(5)课程与现代信息技术相结合,加强课程个性化和多样化;

(6)课程法制化。

6. 简述当代世界各国的课程改革的共同发展趋势。

(1)重视课程内容的现代化、综合化;

（2）重视基础学科和知识的结构化；

（3）重视能力的培养；

（4）重视个别差异。

专题二 新课程与教学改革

1. 简述新课程改革的基本理念。（常考）

新课程改革的基本理念是：走出知识传授的目标取向，确立培养“整体的人”的课程目标；

破除书本知识的桎梏，构筑具有生活意义的课程内容；

摆脱被知识奴役的处境，恢复个体在知识生成中的合法身份；

改变学校个性缺失的现实，创建富有个性的学校文化。

具体有：（1）促进课程的适应性和管理的民主化，创建富有个性的学校文化；

（2）重建课程结构和倡导和谐发展的教育；

（3）提升学生的主体性和注重学生经验。

2. 如何理解新课程理念中“为了每一位学生的发展”这个核心理念？

（1）关注学生作为“整体的人”的发展；

（2）统整学生的生活世界和科学世界；

（3）寻求学生主体对知识的建构。

3. 简述我国当前教学改革的主要任务。

(1)要改革旧的教育观念,真正确立起与新课程相适应的、体现素质教育精神的教育观念;

(2)要坚定不移地推进教学方式和学习方式的转变;

(3)要致力于教学管理制度的重建。

4. 简述我国当前教学改革的主要观点。(易混)

(1)实施素质教育——我国当前教学改革的主题;

(2)坚持整体教学改革和实验——我国当前教学改革的基本策略;

(3)建立合理的课程结构——我国当前教学改革的重心;

(4)实施科学的教学评价。

5. 新课程改革中教师角色将发生哪些变化?(常考)

(1)从教师与学生的关系看,教师是学生学习的促进者;

(2)从教学与研究的关系看,教师是教育教学的研究者;

(3)从教学与课程的关系看,教师是课程的开发者和建设者;

(4)从学校与社区的关系看,教师是社区型开放的教师。

6. 简述新课程中教师教学行为的变化。（常考）

（1）在对待师生关系上，新课程强调尊重、赞赏；

（2）在对待教学关系上，新课程强调帮助、引导；

（3）在对待自我上，新课程强调反思；

（4）在对待与其他教育者的关系上，新课程强调合作。

7. 新课程提倡教师要尊重、赞赏学生，那么教师应该如何做？

（1）尊重学生意味着不伤害学生的自尊心。教师应努力做到：①不体罚学生；②不辱骂学生；③不大声训斥学生；④不冷落学生；⑤不羞辱、嘲笑学生；⑥不随意当众批评学生。

（2）教师不仅要尊重每一位学生，还要学会发现学生的闪光点，学会赞赏每一位学生：①赞赏学生的独特性、兴趣、爱好、专长；②赞赏学生所取得的哪怕是极其微小的成绩；③赞赏学生所付出的努力和所表现出来的善意；④赞赏学生对教科书的质疑和对自身的超越。

8. 简述新课程倡导的教学观。（常考）

（1）全面发展的教学观。教学重结论更要重过程；教学关注学科更要关注人。

（2）交往与互动的教学观——教学不只是教师教和学生学的过程，更是师生交往、积极互动、共同发展的过程。

(3)开放与生成的教学观——教学不只是课程传递和执行的过程,更是课程创生与开发的过程。

9.请列举新课程倡导的学习方式,并加以简要说明。

(1)自主学习。自主学习关注学习者的主体性和能动性,是学生自主而不受他人支配的学习方式。

(2)探究学习。探究学习也称为发现学习,是一种以问题为依托的学习,是学生通过主动探究解决问题的过程。

(3)合作学习。合作学习是指学生以小组为单位进行学习的方式。

10.自主学习具有哪几个方面的特征?

(1)自主学习是一种主动学习,是相对于"被动学习""他主学习"而言的。主动性是自主学习的基本品质,它在学生学习活动中表现为"我要学"。

(2)自主学习是一种独立学习。"独立学习"是自主学习的核心,表现为"我能学"。

(3)自主学习也是一种元认知监控的学习。

11.简述教师在探究性学习中应发挥哪些作用?

探究性学习强调学生的主体作用,同时也重视教师的指导作用。教师的指导作用主要体现在:

(1)指导学生选择课题;

(2)指导学生开展活动;

(3)指导学生组织结果评价。

12. 简述合作学习的意义。

合作学习对学生的学习和认知有积极意义。

(1)合作学习能够激发创造性,有助于培养学生的合作意识和合作技能;

(2)合作学习有利于学生之间的交流沟通,有利于培养团队精神,凝聚人心,增进认识与理解;

(3)合作学习能够促使学生不断反省,不断提高。

13. 现代学习方式的基本特征有哪些?(常考)

(1)主动性(首要特征);(2)独立性(核心特征);(3)独特性;(4)体验性;(5)问题性。

14. 新课程改革背景下的课堂教学评价面临哪几个方面的重要转换?

(1)由过去主要评价教师的"教"向重点评价学生的"学"转变。

(2)由过去注重"双基"和"学科能力"目标落实的评价,向既注重"双基"和"能力"的形成,也注重学生在学习过程中情感态度的发展转变;

(3)由注重教师对教材使用和教学方法选择的评价,向注重学习方法的指导和教学媒体的有效利用转变。

专题三　综合实践活动

1. 简述综合实践活动的基本理念。

(1)坚持学生的自主选择和主动参与,发展学生的创新精神和实践能力；

(2)面向学生完整的生活领域，为学生提供开放的个性发展空间，注重学生的亲身体验和积极实践，促进学习方式的变革。

2. 简述综合实践活动的性质。

(1)相对于学科课程而言，综合实践活动课程是一门经验性课程，不存在内在的知识逻辑和知识体系，是按主题的形式来展开设计的；

(2)相对于分科课程而言，综合实践活动是一门综合性课程，包括内容综合、学习方式综合和活动时空综合三个方面；

(3)综合实践活动还是一门实践性课程，强调对学生实践能力的培养；

(4)综合实践活动是三级管理的课程。

3. 简述综合实践活动的特点。

(1)整体性(综合性)；(2)实践性；(3)开放性；(4)生成性；(5)自主性。

4. 实施综合实践活动应遵循的原则有哪些?

(1)正确处理学生的自主选择、主动实践与教师的有效指导的关系；

(2)恰当处理学校对综合实践活动的统筹规划与活动具体展开过程中的生成性目标、生成性主题的关系；

(3)课时集中使用与分散使用相结合;

(4)整合校内课程与校外课程;

(5)以融合的方式设计和实施四大指定领域;

(6)把信息技术与综合实践活动的内容和实施过程有机整合起来。

5. 简述综合实践活动的内容。

综合实践活动的内容主要包括:信息技术教育、研究性学习、社区服务与社会实践、劳动与技术教育。

要注意,这四个领域并非综合实践活动内容的全部,而是国家为了帮助学校更好地落实综合实践活动而特别指定的几个领域;它们之间在逻辑上不是并列的关系,更不是相互割裂的关系。

“研究性学习”作为综合实践活动的基础,倡导探究的学习方式,这一方式渗透于综合实践活动的全部内容之中。“社区服务与社会实践”“信息技术教育”“劳动与技术教育”则是“研究性学习”探究的重要内容。

第七部分　教师职业道德

专题一　教师职业道德的特点与功能

1. 简述教师职业道德的特点。（常考）

(1)教师职业道德的教育专门性（适用的针对性）；

(2)教师职业道德要求的双重性；

(3)教师职业道德内容的全面性；

(4)教师职业道德功能的多样性；

(5)教师职业道德境界的高层次性；

(6)教师职业道德意识的自觉性；

(7)教师职业道德行为的典范性和示范性；

(8)教师职业道德影响的广泛性和深远性。

2. 简述教师职业道德的功能。

观点一：

(1)对教师工作的促进功能；

(2)对教育对象的教育功能；

(3)对社会文明的示范功能；

(4)对教师修养的引导功能。

观点二：

(1)教师职业道德的认识功能。教师职业道德的认识功能是指其帮助教师正确认识自己在教育活动过程中对他人、集体、社会应尽的义务和责任，并在此基础上形成一定的道德观念和道德判断能力。

（2）教师职业道德的实践功能。教师职业道德的实践功能集中表现在三大方面，即教育功能、调节功能、社会促进功能。

3. 请谈谈加强教师职业道德建设的具体内容与意义。（易错）

（1）内容：

①提高教师的思想政治素质；

②树立正确的教师职业理想；

③提高教师的职业道德水平；

④着力解决师德建设中的突出问题；

⑤积极推进师德提升工程的改进创新。

（2）意义：

①是全面深化教育改革，提高教师队伍素质，实施素质教育的需要；

②是促进学生健康成长的需要；

③是加强社会主义精神文明建设的需要。

专题二 教师职业道德的基本原则、范畴、规范及行为准则

1. 简述教师职业道德基本原则与教师职业道德范畴、教师职业道德规范三者间的相互关系。

道德原则是一定社会或阶级对人们行为提出的

最基本的要求，是道德体系的核心，它是人们立身处世的基本准则，也是判断是非、善恶的基本标准。道德规范则是比较具体的道德原则，它是在一定条件下，一定范围内人们立身处世和评价是非、善恶的标准。道德范畴存在于每一个人的意识和感情中，是反映人们道德关系和行为调节方向的一些基本概念。

教师职业道德规范和范畴都是由教师职业道德基本原则派生出来的，是教师职业道德基本原则的展开、补充和具体化。

2. 教师职业道德基本原则有哪些？（常考）

（1）教书育人原则；

（2）为人师表原则；

（3）依法从教原则；

（4）教育人道主义原则。

3. 简述教师职业道德基本原则确立的依据。

（1）必须反映一定社会经济关系和阶级利益的根本要求；

（2）必须符合一般社会道德原则的基本要求；

（3）必须反映教师职业活动的特点。

4. 简述教师职业道德基本原则的要求。

（1）树立无产阶级的世界观、人生观和价值观；

（2）树立崇高的理想、信念和价值目标；

（3）具备良好的专业能力素质；

（4）具有顽强的意志和崇高的精神境界。

5. 教师职业道德范畴主要包括哪些?

(1)教师义务;(2)教师良心;(3)教师公正;(4)教师荣誉;(5)教师幸福;(6)教师人格。

6. 教师公正有哪些作用?

(1)有利于调动每个学生的学习积极性;

(2)有利于学生形成公正无私的道德品质;

(3)有利于教师威信的形成;

(4)有利于形成良好的教育教学环境。

7. 简述1997年修订的《中小学教师职业道德规范》的内容。

(1)依法执教;(2)爱岗敬业;(3)热爱学生;(4)严谨治学;(5)团结协作;(6)尊重家长;(7)廉洁从教;(8)为人师表。

8. 简述严谨治学的基本要求。

(1)要有精深的专业知识;

(2)要有刻苦钻研、精益求精的精神;

(3)要有谦虚谨慎的态度;

(4)要有锐意创新的品质。

9. 简述2008年修订的《中小学教师职业道德规范》的内容。(常考)

(1)爱国守法;(2)爱岗敬业;(3)关爱学生;(4)教书育人;(5)为人师表;(6)终身学习。

记忆技巧:三爱两人一终身。

10. 教师职业道德规范中"爱国守法"的具体要

求有哪些？

(1)热爱祖国，热爱人民，拥护中国共产党领导，拥护社会主义。

(2)全面贯彻国家教育方针，自觉遵守教育法律法规，依法履行教师职责权利。

(3)不得有违背党和国家方针政策的言行。

11. 教师职业道德规范中“爱岗敬业”的行为要求是什么？(常考)

(1)忠诚于人民教育事业，志存高远，勤恳敬业，甘为人梯，乐于奉献。

(2)对工作高度负责，认真备课上课，认真批改作业，认真辅导学生。

(3)不得敷衍塞责。

12. 简述教师关爱学生的基本要求。(常考)

(1)关心爱护全体学生，尊重学生人格，平等公正对待学生。

(2)对学生严慈相济，做学生的良师益友。

(3)保护学生安全，关心学生健康，维护学生权益。

(4)不讽刺、挖苦、歧视学生，不体罚或变相体罚学生。

13. 教师职业道德规范中“教书育人”的具体要求有哪些？(常考)

(1)遵循教育规律，实施素质教育。

(2)循循善诱，诲人不倦，因材施教。

(3)培养学生良好品行,激发学生创新精神,促进学生全面发展。

(4)不以分数作为评价学生的唯一标准。

14. 简述2008年修订的《中小学教师职业道德规范》中关于"为人师表"的具体要求。

(1)坚守高尚情操,知荣明耻,严于律己,以身作则。

(2)衣着得体,语言规范,举止文明。

(3)关心集体,团结协作,尊重同事,尊重家长。

(4)作风正派,廉洁奉公。

(5)自觉抵制有偿家教,不利用职务之便谋取私利。

15. 请从教师职业道德的角度分析教师从事有偿家教或者到校外培训机构兼职取酬的现象。

(1)教师从事有偿家教或者到校外培训机构兼职取酬的现象违背了2008年修订的《中小学教师职业道德规范》中为人师表的要求。

(2)"为人师表"的师德规范要求教师"自觉抵制有偿家教,不利用职务之便谋取私利"。有偿家教,是市场经济条件下出现的比较严重的违背教师职业行为规范的问题,2008年修订的《中小学教师职业道德规范》特别作为禁止性规定提出。倡导"为人师表"就是要求教师言传身教,以身立教。"为人师表"对教师工作具有特殊的意义。教师要坚守高尚情操、知荣明耻、严于律己、以身作则，在各个方面率先垂范，做学生的榜样，以自己的人格魅力和学识魅力教育影响学生。

16. 教师职业道德规范中"终身学习"的具体要求有哪些？

(1)崇尚科学精神，树立终身学习理念，拓宽知识视野，更新知识结构。

(2)潜心钻研业务，勇于探索创新，不断提高专业素养和教育教学水平。

17. 2008年修订的《中小学教师职业道德规范》具有哪些显著特点？

(1)坚持"以人为本"；

(2)坚持继承与创新相结合；

(3)坚持广泛性与先进性相结合；

(4)倡导性要求与禁行性规定相结合；

(5)他律与自律相结合。

18. 请列举教育部发布的《新时代中小学教师职业行为十项准则》(2018年)中的任意六条。

(1)坚定政治方向；(2)自觉爱国守法；(3)传播优秀文化；(4)潜心教书育人；(5)关心爱护学生；(6)加强安全防范；(7)坚持言行雅正；(8)秉持公平诚信；(9)坚守廉洁自律；(10)规范从教行为。

(考生可结合自身实际，列举其中任意六条即可)

专题三 教师职业道德修养

1. 简述加强教师职业道德修养的意义。

教师职业道德修养不仅是培养教师职业道德的首要环节,也是加强社会主义职业道德建设的迫切要求。

首先,教师职业道德修养是提高教师职业道德水平和促进个人进步与发展的必由之路;其次,只有加强教师职业道德修养,才能发挥教师职业道德的社会作用。

2. 简述教师职业道德修养的具体内容。

(1)树立远大的职业道德理想;

(2)掌握正确的职业道德知识;

(3)陶冶真诚的职业道德情感;

(4)磨炼坚强的职业道德意志;

(5)确立坚定的职业道德信念;

(6)养成良好的职业道德行为习惯。

3. 简述教师职业道德情感所包含的内容。

(1)职业正义感;(2)职业责任感;(3)职业义务感;(4)职业良心感;(5)职业荣誉感;(6)职业幸福感。

4. 简述教师职业道德修养的基本原则。

(1)坚持知和行的统一;

(2)坚持动机和效果的统一;

(3)坚持自律和他律相结合;

(4)坚持个人和社会相结合;

(5)坚持继承和创新相结合。

5. 简述教师职业道德修养的基本途径。

(1)努力学习教师道德理论,树立人民教师道德的理论人格;

(2)参加社会实践,做到知行统一。

6. 教师职业道德修养的方法有哪些?(常考)

(1)加强学习;

(2)勤于实践磨炼,增强情感体验;

(3)树立榜样,虚心向他人学习;

(4)确立可行目标,坚持不懈努力;

(5)学会反思;

(6)努力做到"慎独"。

7. 简述教师职业道德修养方法中"学会反思"所包含的内容。

(1)教师必须对自己的教育教学效果进行不断地反思,及时发现自己的缺点和不足,并及时纠正,不断地实现自我更新,对学生施以积极的教育影响,促进学生健康成长;

(2)教师要反思自己的行为与职业道德理论要求的差距,反思自己与周围其他教师和先进模范人物的差距，努力完善自己；

（3）要善于听取来自各方面的反馈信息，在别人对自己的评价中，更好地认识自己，改造自己。

专题四　教师职业道德评价

1. 教师职业道德评价的目的是什么？

教师职业道德评价的目的是在对教师的道德全面考察、判断和论证的基础上，探索和掌握教师职业道德形成和发展的客观规律，以便更加有效地指导广大教师提高自己的职业道德素质，完善自己的职业道德品质。

2. 教师职业道德评价应遵循的原则是什么？

（1）方向性原则；（2）客观性原则；（3）科学性原则；（4）教育性原则；（5）民主性原则。

3. 简述教师职业道德评价的方法。

教师职业道德评价方法是指在教师职业道德评价的过程中所采用的各种方式和手段的总称。教师职业道德评价方法是实现教师职业道德评价的任务、保证教师职业道德评价的顺利进行、取得教师职业道德评价良好效果的关键性因素。概括起来，教师职业道德评价的方法有自我评价法、学生评价法和社会评价法。

（1）自我评价法。自我评价法是指教师个人根据教师职业道德规范和教师职业道德评价的标准、原则等一系列评价体系,对自己的道德所进行的一种自我认识和自我判断。

(2)学生评价法。学生评价法是指在教师和学生教与学的相互作用中,学生依据教师职业道德的原则和规范对教师的行为予以判断的一种道德评价方式。学生评价实际上也是一种社会评价,但它是一种特殊的社会评价,这是由教师与学生的特殊关系所决定的。

(3)社会评价法。社会评价法是指行为当事人之外的个人或组织如学校或其他社会方面的人员,根据教师职业道德规范对教师的道德状况做出评价的方法。社会评价法主要是通过社会舆论对教师的道德进行评判。

中华人民共和国主席令

第六号

《中华人民共和国消防法》已由中华人民共和国第十一届全国人民代表大会常务委员会第五次会议于2008年10月28日修订通过，现将修订后的《中华人民共和国消防法》公布，自2009年5月1日起施行。

中华人民共和国主席　胡锦涛

2008年10月28日

中华人民共和国消防法

（1998 年 4 月 29 日第九届全国人民代表大会
常务委员会第二次会议通过
2008 年 10 月 28 日第十一届全国人民代表
大会常务委员会第五次会议修订）

目　录

第一章　总　　则

第一条　为了预防火灾和减少火灾危害，加强应急救援工作，保护人身、财产安全，维护公共安全，制定本法。

第二条　消防工作贯彻预防为主、防消结合的方针，按照政府统一领导、部门依法监管、单位全面负责、公民积极参与的原则，实行消防安全责任制，建立健全社会化的消防工作网络。

第三条　国务院领导全国的消防工作。地方各级人民政府负责本行政区域内的消防工作。

各级人民政府应当将消防工作纳入国民经济和社会发展计划，保障消防工作与经济社会发展相适应。

第四条　国务院公安部门对全国的消防工作实施监督管理。县级以上地方人民政府公安机关对本行政区域内的消防工作实施监督管理，并由本级人民政府公安机关消防机构负责实施。军事设施的消防工作，由其主管单位监督管理，公安机关消防机构协助；矿井地下部分、核电厂、海上石油天然气设施的消防工作，由其主管单位监督管理。

县级以上人民政府其他有关部门在各自的职责范围内，依照本法和其他相关法律、法规的规定做好消防工作。

法律、行政法规对森林、草原的消防工作另有规定的，从其规定。

第五条 任何单位和个人都有维护消防安全、保护消防设施、预防火灾、报告火警的义务。任何单位和成年人都有参加有组织的灭火工作的义务。

第六条 各级人民政府应当组织开展经常性的消防宣传教育，提高公民的消防安全意识。

机关、团体、企业、事业等单位，应当加强对本单位人员的消防宣传教育。

公安机关及其消防机构应当加强消防法律、法规的宣传，并督促、指导、协助有关单位做好消防宣传教育工作。

教育、人力资源行政主管部门和学校、有关职业培训机构应当将消防知识纳入教育、教学、培训的内容。

新闻、广播、电视等有关单位，应当有针对性地面向社会进行消防宣传教育。

工会、共产主义青年团、妇女联合会等团体

应当结合各自工作对象的特点，组织开展消防宣传教育。

村民委员会、居民委员会应当协助人民政府以及公安机关等部门，加强消防宣传教育。

第七条 国家鼓励、支持消防科学研究和技术创新，推广使用先进的消防和应急救援技术、设备；鼓励、支持社会力量开展消防公益活动。

对在消防工作中有突出贡献的单位和个人，应当按照国家有关规定给予表彰和奖励。

第二章 火灾预防

第八条 地方各级人民政府应当将包括消防安全布局、消防站、消防供水、消防通信、消防车通道、消防装备等内容的消防规划纳入城乡规划，并负责组织实施。

城乡消防安全布局不符合消防安全要求的，应当调整、完善；公共消防设施、消防装备不足或者不适应实际需要的，应当增建、改建、配置或者进行技术改造。

第九条 建设工程的消防设计、施工必须符合国家工程建设消防技术标准。建设、设计、施工、工程监理等单位依法对建设工程的消防设计、

施工质量负责。

第十条 按照国家工程建设消防技术标准需要进行消防设计的建设工程，除本法第十一条另有规定的外，建设单位应当自依法取得施工许可之日起七个工作日内，将消防设计文件报公安机关消防机构备案，公安机关消防机构应当进行抽查。

第十一条 国务院公安部门规定的大型的人员密集场所和其他特殊建设工程，建设单位应当将消防设计文件报送公安机关消防机构审核。公安机关消防机构依法对审核的结果负责。

第十二条 依法应当经公安机关消防机构进行消防设计审核的建设工程，未经依法审核或者审核不合格的，负责审批该工程施工许可的部门不得给予施工许可，建设单位、施工单位不得施工；其他建设工程取得施工许可后经依法抽查不合格的，应当停止施工。

第十三条 按照国家工程建设消防技术标准需要进行消防设计的建设工程竣工，依照下列规定进行消防验收、备案：

（一）本法第十一条规定的建设工程，建设单位应当向公安机关消防机构申请消防验收；

（二）其他建设工程，建设单位在验收后应当报公安机关消防机构备案，公安机关消防机构应当进行抽查。

依法应当进行消防验收的建设工程，未经消防验收或者消防验收不合格的，禁止投入使用；其他建设工程经依法抽查不合格的，应当停止使用。

第十四条 建设工程消防设计审核、消防验收、备案和抽查的具体办法，由国务院公安部门规定。

第十五条 公众聚集场所在投入使用、营业前，建设单位或者使用单位应当向场所所在地的县级以上地方人民政府公安机关消防机构申请消防安全检查。

公安机关消防机构应当自受理申请之日起十个工作日内，根据消防技术标准和管理规定，对该场所进行消防安全检查。未经消防安全检查或者经检查不符合消防安全要求的，不得投入使用、营业。

第十六条 机关、团体、企业、事业等单位应当履行下列消防安全职责：

（一）落实消防安全责任制，制定本单位的消防安全制度、消防安全操作规程，制定灭火和应

急疏散预案；

（二）按照国家标准、行业标准配置消防设施、器材，设置消防安全标志，并定期组织检验、维修，确保完好有效；

（三）对建筑消防设施每年至少进行一次全面检测，确保完好有效，检测记录应当完整准确，存档备查；

（四）保障疏散通道、安全出口、消防车通道畅通，保证防火防烟分区、防火间距符合消防技术标准；

（五）组织防火检查，及时消除火灾隐患；

（六）组织进行有针对性的消防演练；

（七）法律、法规规定的其他消防安全职责。

单位的主要负责人是本单位的消防安全责任人。

第十七条 县级以上地方人民政府公安机关消防机构应当将发生火灾可能性较大以及发生火灾可能造成重大的人身伤亡或者财产损失的单位，确定为本行政区域内的消防安全重点单位，并由公安机关报本级人民政府备案。

消防安全重点单位除应当履行本法第十六条规定的职责外，还应当履行下列消防安全职责：

（一）确定消防安全管理人，组织实施本单位的消防安全管理工作；

（二）建立消防档案，确定消防安全重点部位，设置防火标志，实行严格管理；

（三）实行每日防火巡查，并建立巡查记录；

（四）对职工进行岗前消防安全培训，定期组织消防安全培训和消防演练。

第十八条 同一建筑物由两个以上单位管理或者使用的，应当明确各方的消防安全责任，并确定责任人对共用的疏散通道、安全出口、建筑消防设施和消防车通道进行统一管理。

住宅区的物业服务企业应当对管理区域内的共用消防设施进行维护管理，提供消防安全防范服务。

第十九条 生产、储存、经营易燃易爆危险品的场所不得与居住场所设置在同一建筑物内，并应当与居住场所保持安全距离。

生产、储存、经营其他物品的场所与居住场所设置在同一建筑物内的，应当符合国家工程建设消防技术标准。

第二十条 举办大型群众性活动，承办人应当依法向公安机关申请安全许可，制定灭火和应

急疏散预案并组织演练，明确消防安全责任分工，确定消防安全管理人员，保持消防设施和消防器材配置齐全、完好有效，保证疏散通道、安全出口、疏散指示标志、应急照明和消防车通道符合消防技术标准和管理规定。

第二十一条 禁止在具有火灾、爆炸危险的场所吸烟、使用明火。因施工等特殊情况需要使用明火作业的，应当按照规定事先办理审批手续，采取相应的消防安全措施；作业人员应当遵守消防安全规定。

进行电焊、气焊等具有火灾危险作业的人员和自动消防系统的操作人员，必须持证上岗，并遵守消防安全操作规程。

第二十二条 生产、储存、装卸易燃易爆危险品的工厂、仓库和专用车站、码头的设置，应当符合消防技术标准。易燃易爆气体和液体的充装站、供应站、调压站，应当设置在符合消防安全要求的位置，并符合防火防爆要求。

已经设置的生产、储存、装卸易燃易爆危险品的工厂、仓库和专用车站、码头，易燃易爆气体和液体的充装站、供应站、调压站，不再符合前款规定的，地方人民政府应当组织、协调有关

部门、单位限期解决，消除安全隐患。

第二十三条 生产、储存、运输、销售、使用、销毁易燃易爆危险品，必须执行消防技术标准和管理规定。

进入生产、储存易燃易爆危险品的场所，必须执行消防安全规定。禁止非法携带易燃易爆危险品进入公共场所或者乘坐公共交通工具。

储存可燃物资仓库的管理，必须执行消防技术标准和管理规定。

第二十四条 消防产品必须符合国家标准；没有国家标准的，必须符合行业标准。禁止生产、销售或者使用不合格的消防产品以及国家明令淘汰的消防产品。

依法实行强制性产品认证的消防产品，由具有法定资质的认证机构按照国家标准、行业标准的强制性要求认证合格后，方可生产、销售、使用。实行强制性产品认证的消防产品目录，由国务院产品质量监督部门会同国务院公安部门制定并公布。

新研制的尚未制定国家标准、行业标准的消防产品，应当按照国务院产品质量监督部门会同国务院公安部门规定的办法，经技术鉴定符合消

防安全要求的，方可生产、销售、使用。

依照本条规定经强制性产品认证合格或者技术鉴定合格的消防产品，国务院公安部门消防机构应当予以公布。

第二十五条 产品质量监督部门、工商行政管理部门、公安机关消防机构应当按照各自职责加强对消防产品质量的监督检查。

第二十六条 建筑构件、建筑材料和室内装修、装饰材料的防火性能必须符合国家标准；没有国家标准的，必须符合行业标准。

人员密集场所室内装修、装饰，应当按照消防技术标准的要求，使用不燃、难燃材料。

第二十七条 电器产品、燃气用具的产品标准，应当符合消防安全的要求。

电器产品、燃气用具的安装、使用及其线路、管路的设计、敷设、维护保养、检测，必须符合消防技术标准和管理规定。

第二十八条 任何单位、个人不得损坏、挪用或者擅自拆除、停用消防设施、器材，不得埋压、圈占、遮挡消火栓或者占用防火间距，不得占用、堵塞、封闭疏散通道、安全出口、消防车通道。人员密集场所的门窗不得设置影响逃生和

灭火救援的障碍物。

第二十九条 负责公共消防设施维护管理的单位，应当保持消防供水、消防通信、消防车通道等公共消防设施的完好有效。在修建道路以及停电、停水、截断通信线路时有可能影响消防队灭火救援的，有关单位必须事先通知当地公安机关消防机构。

第三十条 地方各级人民政府应当加强对农村消防工作的领导，采取措施加强公共消防设施建设，组织建立和督促落实消防安全责任制。

第三十一条 在农业收获季节、森林和草原防火期间、重大节假日期间以及火灾多发季节，地方各级人民政府应当组织开展有针对性的消防宣传教育，采取防火措施，进行消防安全检查。

第三十二条 乡镇人民政府、城市街道办事处应当指导、支持和帮助村民委员会、居民委员会开展群众性的消防工作。村民委员会、居民委员会应当确定消防安全管理人，组织制定防火安全公约，进行防火安全检查。

第三十三条 国家鼓励、引导公众聚集场所和生产、储存、运输、销售易燃易爆危险品的企业投保火灾公众责任保险；鼓励保险公司承保火

灾公众责任保险。

第三十四条 消防产品质量认证、消防设施检测、消防安全监测等消防技术服务机构和执业人员，应当依法获得相应的资质、资格；依照法律、行政法规、国家标准、行业标准和执业准则，接受委托提供消防技术服务，并对服务质量负责。

第三章 消防组织

第三十五条 各级人民政府应当加强消防组织建设，根据经济社会发展的需要，建立多种形式的消防组织，加强消防技术人才培养，增强火灾预防、扑救和应急救援的能力。

第三十六条 县级以上地方人民政府应当按照国家规定建立公安消防队、专职消防队，并按照国家标准配备消防装备，承担火灾扑救工作。

乡镇人民政府应当根据当地经济发展和消防工作的需要，建立专职消防队、志愿消防队，承担火灾扑救工作。

第三十七条 公安消防队、专职消防队按照国家规定承担重大灾害事故和其他以抢救人员生命为主的应急救援工作。

第三十八条 公安消防队、专职消防队应当

充分发挥火灾扑救和应急救援专业力量的骨干作用；按照国家规定，组织实施专业技能训练，配备并维护保养装备器材，提高火灾扑救和应急救援的能力。

第三十九条 下列单位应当建立单位专职消防队，承担本单位的火灾扑救工作：

（一）大型核设施单位、大型发电厂、民用机场、主要港口；

（二）生产、储存易燃易爆危险品的大型企业；

（三）储备可燃的重要物资的大型仓库、基地；

（四）第一项、第二项、第三项规定以外的火灾危险性较大、距离公安消防队较远的其他大型企业；

（五）距离公安消防队较远、被列为全国重点文物保护单位的古建筑群的管理单位。

第四十条 专职消防队的建立，应当符合国家有关规定，并报当地公安机关消防机构验收。

专职消防队的队员依法享受社会保险和福利待遇。

第四十一条 机关、团体、企业、事业等单位以及村民委员会、居民委员会根据需要，建立志愿消防队等多种形式的消防组织，开展群众性

自防自救工作。

第四十二条　公安机关消防机构应当对专职消防队、志愿消防队等消防组织进行业务指导；根据扑救火灾的需要，可以调动指挥专职消防队参加火灾扑救工作。

第四章　灭火救援

第四十三条　县级以上地方人民政府应当组织有关部门针对本行政区域内的火灾特点制定应急预案，建立应急反应和处置机制，为火灾扑救和应急救援工作提供人员、装备等保障。

第四十四条　任何人发现火灾都应当立即报警。任何单位、个人都应当无偿为报警提供便利，不得阻拦报警。严禁谎报火警。

人员密集场所发生火灾，该场所的现场工作人员应当立即组织、引导在场人员疏散。

任何单位发生火灾，必须立即组织力量扑救。邻近单位应当给予支援。

消防队接到火警，必须立即赶赴火灾现场，救助遇险人员，排除险情，扑灭火灾。

第四十五条　公安机关消防机构统一组织和指挥火灾现场扑救，应当优先保障遇险人员的生

命安全。

火灾现场总指挥根据扑救火灾的需要，有权决定下列事项：

（一）使用各种水源；

（二）截断电力、可燃气体和可燃液体的输送，限制用火用电；

（三）划定警戒区，实行局部交通管制；

（四）利用临近建筑物和有关设施；

（五）为了抢救人员和重要物资，防止火势蔓延，拆除或者破损毗邻火灾现场的建筑物、构筑物或者设施等；

（六）调动供水、供电、供气、通信、医疗救护、交通运输、环境保护等有关单位协助灭火救援。

根据扑救火灾的紧急需要，有关地方人民政府应当组织人员、调集所需物资支援灭火。

第四十六条 公安消防队、专职消防队参加火灾以外的其他重大灾害事故的应急救援工作，由县级以上人民政府统一领导。

第四十七条 消防车、消防艇前往执行火灾扑救或者应急救援任务，在确保安全的前提下，不受行驶速度、行驶路线、行驶方向和指挥信号的限制，其他车辆、船舶以及行人应当让行，不

得穿插超越；收费公路、桥梁免收车辆通行费。交通管理指挥人员应当保证消防车、消防艇迅速通行。

赶赴火灾现场或者应急救援现场的消防人员和调集的消防装备、物资，需要铁路、水路或者航空运输的，有关单位应当优先运输。

第四十八条　消防车、消防艇以及消防器材、装备和设施，不得用于与消防和应急救援工作无关的事项。

第四十九条　公安消防队、专职消防队扑救火灾、应急救援，不得收取任何费用。

单位专职消防队、志愿消防队参加扑救外单位火灾所损耗的燃料、灭火剂和器材、装备等，由火灾发生地的人民政府给予补偿。

第五十条　对因参加扑救火灾或者应急救援受伤、致残或者死亡的人员，按照国家有关规定给予医疗、抚恤。

第五十一条　公安机关消防机构有权根据需要封闭火灾现场，负责调查火灾原因，统计火灾损失。

火灾扑灭后，发生火灾的单位和相关人员应当按照公安机关消防机构的要求保护现场，接受

事故调查，如实提供与火灾有关的情况。

公安机关消防机构根据火灾现场勘验、调查情况和有关的检验、鉴定意见，及时制作火灾事故认定书，作为处理火灾事故的证据。

第五章 监督检查

第五十二条 地方各级人民政府应当落实消防工作责任制，对本级人民政府有关部门履行消防安全职责的情况进行监督检查。

县级以上地方人民政府有关部门应当根据本系统的特点，有针对性地开展消防安全检查，及时督促整改火灾隐患。

第五十三条 公安机关消防机构应当对机关、团体、企业、事业等单位遵守消防法律、法规的情况依法进行监督检查。公安派出所可以负责日常消防监督检查、开展消防宣传教育，具体办法由国务院公安部门规定。

公安机关消防机构、公安派出所的工作人员进行消防监督检查，应当出示证件。

第五十四条 公安机关消防机构在消防监督检查中发现火灾隐患的，应当通知有关单位或者个人立即采取措施消除隐患；不及时消除隐患可

能严重威胁公共安全的，公安机关消防机构应当依照规定对危险部位或者场所采取临时查封措施。

第五十五条 公安机关消防机构在消防监督检查中发现城乡消防安全布局、公共消防设施不符合消防安全要求，或者发现本地区存在影响公共安全的重大火灾隐患的，应当由公安机关书面报告本级人民政府。

接到报告的人民政府应当及时核实情况，组织或者责成有关部门、单位采取措施，予以整改。

第五十六条 公安机关消防机构及其工作人员应当按照法定的职权和程序进行消防设计审核、消防验收和消防安全检查，做到公正、严格、文明、高效。

公安机关消防机构及其工作人员进行消防设计审核、消防验收和消防安全检查等，不得收取费用，不得利用消防设计审核、消防验收和消防安全检查谋取利益。公安机关消防机构及其工作人员不得利用职务为用户、建设单位指定或者变相指定消防产品的品牌、销售单位或者消防技术服务机构、消防设施施工单位。

第五十七条 公安机关消防机构及其工作人员执行职务，应当自觉接受社会和公民的监督。

任何单位和个人都有权对公安机关消防机构及其工作人员在执法中的违法行为进行检举、控告。收到检举、控告的机关，应当按照职责及时查处。

第六章　法 律 责 任

第五十八条　违反本法规定，有下列行为之一的，责令停止施工、停止使用或者停产停业，并处三万元以上三十万元以下罚款：

（一）依法应当经公安机关消防机构进行消防设计审核的建设工程，未经依法审核或者审核不合格，擅自施工的；

（二）消防设计经公安机关消防机构依法抽查不合格，不停止施工的；

（三）依法应当进行消防验收的建设工程，未经消防验收或者消防验收不合格，擅自投入使用的；

（四）建设工程投入使用后经公安机关消防机构依法抽查不合格，不停止使用的；

（五）公众聚集场所未经消防安全检查或者经检查不符合消防安全要求，擅自投入使用、营业的。

建设单位未依照本法规定将消防设计文件报公安机关消防机构备案，或者在竣工后未依照本

法规定报公安机关消防机构备案的，责令限期改正，处五千元以下罚款。

第五十九条 违反本法规定，有下列行为之一的，责令改正或者停止施工，并处一万元以上十万元以下罚款：

（一）建设单位要求建筑设计单位或者建筑施工企业降低消防技术标准设计、施工的；

（二）建筑设计单位不按照消防技术标准强制性要求进行消防设计的；

（三）建筑施工企业不按照消防设计文件和消防技术标准施工，降低消防施工质量的；

（四）工程监理单位与建设单位或者建筑施工企业串通，弄虚作假，降低消防施工质量的。

第六十条 单位违反本法规定，有下列行为之一的，责令改正，处五千元以上五万元以下罚款：

（一）消防设施、器材或者消防安全标志的配置、设置不符合国家标准、行业标准，或者未保持完好有效的；

（二）损坏、挪用或者擅自拆除、停用消防设施、器材的；

（三）占用、堵塞、封闭疏散通道、安全出口或者有其他妨碍安全疏散行为的；

（四）埋压、圈占、遮挡消火栓或者占用防火间距的；

（五）占用、堵塞、封闭消防车通道，妨碍消防车通行的；

（六）人员密集场所在门窗上设置影响逃生和灭火救援的障碍物的；

（七）对火灾隐患经公安机关消防机构通知后不及时采取措施消除的。

个人有前款第二项、第三项、第四项、第五项行为之一的，处警告或者五百元以下罚款。

有本条第一款第三项、第四项、第五项、第六项行为，经责令改正拒不改正的，强制执行，所需费用由违法行为人承担。

第六十一条　生产、储存、经营易燃易爆危险品的场所与居住场所设置在同一建筑物内，或者未与居住场所保持安全距离的，责令停产停业，并处五千元以上五万元以下罚款。

生产、储存、经营其他物品的场所与居住场所设置在同一建筑物内，不符合消防技术标准的，依照前款规定处罚。

第六十二条　有下列行为之一的，依照《中华人民共和国治安管理处罚法》的规定处罚：

（一）违反有关消防技术标准和管理规定生产、储存、运输、销售、使用、销毁易燃易爆危险品的；

（二）非法携带易燃易爆危险品进入公共场所或者乘坐公共交通工具的；

（三）谎报火警的；

（四）阻碍消防车、消防艇执行任务的；

（五）阻碍公安机关消防机构的工作人员依法执行职务的。

第六十三条 违反本法规定，有下列行为之一的，处警告或者五百元以下罚款；情节严重的，处五日以下拘留：

（一）违反消防安全规定进入生产、储存易燃易爆危险品场所的；

（二）违反规定使用明火作业或者在具有火灾、爆炸危险的场所吸烟、使用明火的。

第六十四条 违反本法规定，有下列行为之一，尚不构成犯罪的，处十日以上十五日以下拘留，可以并处五百元以下罚款；情节较轻的，处警告或者五百元以下罚款：

（一）指使或者强令他人违反消防安全规定，冒险作业的；

（二）过失引起火灾的；

（三）在火灾发生后阻拦报警，或者负有报告职责的人员不及时报警的；

（四）扰乱火灾现场秩序，或者拒不执行火灾现场指挥员指挥，影响灭火救援的；

（五）故意破坏或者伪造火灾现场的；

（六）擅自拆封或者使用被公安机关消防机构查封的场所、部位的。

第六十五条 违反本法规定，生产、销售不合格的消防产品或者国家明令淘汰的消防产品的，由产品质量监督部门或者工商行政管理部门依照《中华人民共和国产品质量法》的规定从重处罚。

人员密集场所使用不合格的消防产品或者国家明令淘汰的消防产品的，责令限期改正；逾期不改正的，处五千元以上五万元以下罚款，并对其直接负责的主管人员和其他直接责任人员处五百元以上二千元以下罚款；情节严重的，责令停产停业。

公安机关消防机构对于本条第二款规定的情形，除依法对使用者予以处罚外，应当将发现不合格的消防产品和国家明令淘汰的消防产品的情况通报产品质量监督部门、工商行政管理部门。

产品质量监督部门、工商行政管理部门应当对生产者、销售者依法及时查处。

第六十六条 电器产品、燃气用具的安装、使用及其线路、管路的设计、敷设、维护保养、检测不符合消防技术标准和管理规定的，责令限期改正；逾期不改正的，责令停止使用，可以并处一千元以上五千元以下罚款。

第六十七条 机关、团体、企业、事业等单位违反本法第十六条、第十七条、第十八条、第二十一条第二款规定的，责令限期改正；逾期不改正的，对其直接负责的主管人员和其他直接责任人员依法给予处分或者给予警告处罚。

第六十八条 人员密集场所发生火灾，该场所的现场工作人员不履行组织、引导在场人员疏散的义务，情节严重，尚不构成犯罪的，处五日以上十日以下拘留。

第六十九条 消防产品质量认证、消防设施检测等消防技术服务机构出具虚假文件的，责令改正，处五万元以上十万元以下罚款，并对直接负责的主管人员和其他直接责任人员处一万元以上五万元以下罚款；有违法所得的，并处没收违法所得；给他人造成损失的，依法承担赔偿责任；

情节严重的，由原许可机关依法责令停止执业或者吊销相应资质、资格。

前款规定的机构出具失实文件，给他人造成损失的，依法承担赔偿责任；造成重大损失的，由原许可机关依法责令停止执业或者吊销相应资质、资格。

第七十条 本法规定的行政处罚，除本法另有规定的外，由公安机关消防机构决定；其中拘留处罚由县级以上公安机关依照《中华人民共和国治安管理处罚法》的有关规定决定。

公安机关消防机构需要传唤消防安全违法行为人的，依照《中华人民共和国治安管理处罚法》的有关规定执行。

被责令停止施工、停止使用、停产停业的，应当在整改后向公安机关消防机构报告，经公安机关消防机构检查合格，方可恢复施工、使用、生产、经营。

当事人逾期不执行停产停业、停止使用、停止施工决定的，由作出决定的公安机关消防机构强制执行。

责令停产停业，对经济和社会生活影响较大的，由公安机关消防机构提出意见，并由公安机

关报请本级人民政府依法决定。本级人民政府组织公安机关等部门实施。

第七十一条 公安机关消防机构的工作人员滥用职权、玩忽职守、徇私舞弊，有下列行为之一，尚不构成犯罪的，依法给予处分：

（一）对不符合消防安全要求的消防设计文件、建设工程、场所准予审核合格、消防验收合格、消防安全检查合格的；

（二）无故拖延消防设计审核、消防验收、消防安全检查，不在法定期限内履行职责的；

（三）发现火灾隐患不及时通知有关单位或者个人整改的；

（四）利用职务为用户、建设单位指定或者变相指定消防产品的品牌、销售单位或者消防技术服务机构、消防设施施工单位的；

（五）将消防车、消防艇以及消防器材、装备和设施用于与消防和应急救援无关的事项的；

（六）其他滥用职权、玩忽职守、徇私舞弊的行为。

建设、产品质量监督、工商行政管理等其他有关行政主管部门的工作人员在消防工作中滥用职权、玩忽职守、徇私舞弊，尚不构成犯罪的，

依法给予处分。

第七十二条 违反本法规定，构成犯罪的，依法追究刑事责任。

第七章 附 则

第七十三条 本法下列用语的含义：

（一）消防设施，是指火灾自动报警系统、自动灭火系统、消火栓系统、防烟排烟系统以及应急广播和应急照明、安全疏散设施等。

（二）消防产品，是指专门用于火灾预防、灭火救援和火灾防护、避难、逃生的产品。

（三）公众聚集场所，是指宾馆、饭店、商场、集贸市场、客运车站候车室、客运码头候船厅、民用机场航站楼、体育场馆、会堂以及公共娱乐场所等。

（四）人员密集场所，是指公众聚集场所，医院的门诊楼、病房楼，学校的教学楼、图书馆、食堂和集体宿舍，养老院，福利院，托儿所，幼儿园，公共图书馆的阅览室，公共展览馆、博物馆的展示厅，劳动密集型企业的生产加工车间和员工集体宿舍，旅游、宗教活动场所等。

第七十四条 本法自2009年5月1日起施行。

图书在版编目(CIP)数据

中华人民共和国消防法. —北京：中国劳动社会保障出版社，2014

ISBN 978-7-5167-1072-2

Ⅰ.①中…　Ⅱ.　Ⅲ.①消防法-中国　Ⅳ.①D922.14

中国版本图书馆 CIP 数据核字(2014)第 068903 号

中国劳动社会保障出版社出版发行

（北京市惠新东街 1 号　邮政编码：100029）

*

保定市中画美凯印刷有限公司印刷装订　　新华书店经销

880 毫米×1230 毫米　64 开本　0.5 印张　14 千字

2014 年 4 月第 1 版　　2018 年 10 月第 5 次印刷

定价：5.00 元

读者服务部电话：（010）64929211/64921644/84626437

营销部电话：（010）64961894

出版社网址：http://www.class.com.cn

中华人民共和国
消 防 法

中国劳动社会保障出版社